LA TIERRA EN 30 SEGUNDOS

BLUME

TÍTULO ORIGINAL *Earth in 30 seconds*

EDICIÓN Hazel Songhurst, Cath Senker, Susan Kelly

DIRECCIÓN CREATIVA Y ARTÍSTICA Peter Bridgewater, Kim Hankinson

DISEÑO Kevin Knight

ILUSTRACIONES Melvyn Evans (color), Marta Muñoz (blanco y negro)

TRADUCCIÓN Cristóbal Barber Casasnovas

REVISIÓN CIENTÍFICA Y TÉCNICA DE LA EDICIÓN EN LENGUA ESPAÑOLA
Dr. Ing. Ind. Alfonso Rodríguez Arias

COORDINACIÓN DE LA EDICIÓN EN LENGUA ESPAÑOLA
Cristina Rodríguez Fischer

Primera edición en lengua española 2015

Av. Mare de Déu de Lorda, 20 08034 Barcelona
Tel. 93 205 40 00 Fax 93 205 14 41
e-mail: info@blume.net

I.S.B.N.: 978-84-9801-789-2

Impreso en China

WWW.BLUME.NET

Preservamos el medio ambiente. En la producción de nuestros libros procuramos, con el máximo empeño, cumplir con los requisitos medioambientales que promueven la conservación y el uso responsable de los bosques, en especial de los bosques primarios. Asimismo, en nuestra preocupación por el planeta, intentamos emplear al máximo materiales reciclados, y solicitamos a nuestros proveedores que usen materiales de manufactura cuya fabricación esté libre de cloro elemental (ECF) o de metales pesados, entre otros.

LA TIERRA EN 30 SEGUNDOS

Anita Ganeri

Asesoramiento científico: Dr. Cherith Moses

BLUME

Contenido

El fascinante planeta Tierra

... en 60 segundos

El planeta Tierra es fascinante. Aunque no es más que una pequeña mota en la inmensidad del universo, es el único planeta en el que sabemos que hay vida. Su edad es increíble: la Tierra tiene unos 5000 millones de años. No obstante, el planeta sigue generando nuevos terrenos a través de la erupción de los volcanes. Es tan grande que se tardarían unos 24 años en cavar un agujero que lo atravesara. En él habitan millones de formas de vida, y algunas son tan pequeñas que para verlas hace falta un microscopio.

En este libro se explican una serie de temas interesantes sobre el planeta Tierra, desde su lugar en el espacio hasta la importancia de protegerlo para asegurar su futuro.

De los gélidos polos a los áridos desiertos y de las montañas más altas a los paisajes submarinos más profundos, el libro explica las maravillas naturales de nuestro bullicioso planeta, desde los fenómenos atmosféricos hasta los explosivos volcanes.

Los conceptos básicos de cada tema se explican de forma clara y concisa en dos páginas. Cada tema incluye un breve resumen con la información más importante. Si quieres hacer de detective, a lo largo del libro irás encontrando varias misiones que podrás llevar a cabo, con lo que aprenderás más sobre el funcionamiento de nuestro planeta: descubrirás por qué hay día y noche, cómo se forman las montañas, podrás crear tú mismo un tornado en miniatura en una botella, y muchas cosas más.

La Tierra en el espacio

El universo está formado por millones y millones de galaxias que viajan por el espacio a una velocidad alucinante. Cada una de ellas contiene millones de estrellas. En nuestra galaxia, la Vía Láctea, ocho planetas viajan alrededor de una estrella llamada Sol. El tercer planeta más cercano al Sol es la Tierra. En este capítulo aprenderás cuál es el lugar de la Tierra en el espacio y cómo su movimiento hace que haya día, noche y estaciones.

La Tierra en el espacio

Glosario

ecuador Línea imaginaria alrededor de la Tierra (círculo máximo), a la misma distancia del Polo Norte que del Polo Sur.

eje Línea imaginaria que atraviesa la Tierra y en torno a la cual gira.

galaxia Cualquiera de los grandes conjuntos de estrellas, planetas y otros objetos en el espacio. Nuestra galaxia es la Vía Láctea.

hemisferio norte Mitad de la Tierra situada al norte del ecuador.

hemisferio sur Mitad de la Tierra situada al sur del ecuador.

órbita Trayectoria curva que sigue un planeta u otro objeto al moverse alrededor de otro en el espacio, como por ejemplo un planeta, una estrella o una luna.

planeta Objeto grande y esférico que se mueve por el espacio alrededor de una estrella (como el Sol) y recibe su luz.

polos Los dos puntos situados en los extremos opuestos del eje de la Tierra, conocidos como Polo Norte y Polo Sur.

Sistema Solar El Sol y todos los planetas que se mueven a su alrededor.

universo La totalidad del espacio y todo lo que contiene, como la Tierra, los planetas y las estrellas.

Vía Láctea Nombre de nuestra galaxia; uno de los grandes conjuntos de estrellas, planetas y otros objetos en el espacio.

¿Dónde está la Tierra?

... en 30 segundos

El planeta Tierra es uno de los ocho que orbitan alrededor del Sol. Junto con Mercurio, Venus, Marte, Júpiter, Saturno, Urano y Neptuno, el Sol y la Tierra forman nuestro Sistema Solar. El Sistema Solar es una parte minúscula de la inmensidad del universo, que se compone de todo lo que existe. ¡Es difícil de imaginar!

La Tierra y los otros planetas viajan alrededor del Sol siguiendo trayectorias elípticas conocidas como «órbitas». La Tierra está a una distancia media de 149 597 871 km del Sol y tarda unos 365 días en dar una vuelta completa a su alrededor.

Los científicos creen que el Sistema Solar se formó a partir de una porción de una enorme nube de gas y polvo hace aproximadamente 5000 millones de años. Por lo que sabemos, la Tierra es el único planeta que puede albergar vida. Pero... ¿quién sabe?

Resumen en 3 segundos

La Tierra es uno de los ocho planetas que orbitan alrededor del Sol.

Misión de 3 minutos **Dibuja el Sistema Solar**

Necesitarás: • una hoja de papel de 1 x 1 m • un trozo de cuerda de 55 cm • un lápiz • cinta adhesiva • unas tijeras • una regla • adhesivos redondos de diferentes tamaños, monedas, fichas o tapas • más papel

1 Para dibujar el Sol, ata la cuerda al lápiz de modo que la cuerda mida 49,5 cm. Pega el extremo de la cuerda en el centro de la hoja grande de papel con cinta adhesiva. Mientras dibujas el círculo, mantén la cuerda bien tensada.

2 Busca adhesivos u otros objetos circulares que midan más o menos lo mismo que el diámetro de los planetas y dibuja círculos con ellos hasta completar todo tu Sistema Solar de papel.

DIÁMETROS:
Sol: 99 cm
Mercurio: 0,3 cm
Venus: 0,9 cm
Tierra: 0,9 cm
Marte: 0,6 cm
Júpiter: 10 cm
Saturno: 8 cm
Urano: 3 cm
Neptuno: 3,5 cm

La Tierra es uno de los ocho planetas del Sistema Solar. Es el tercer planeta contando a partir del Sol.

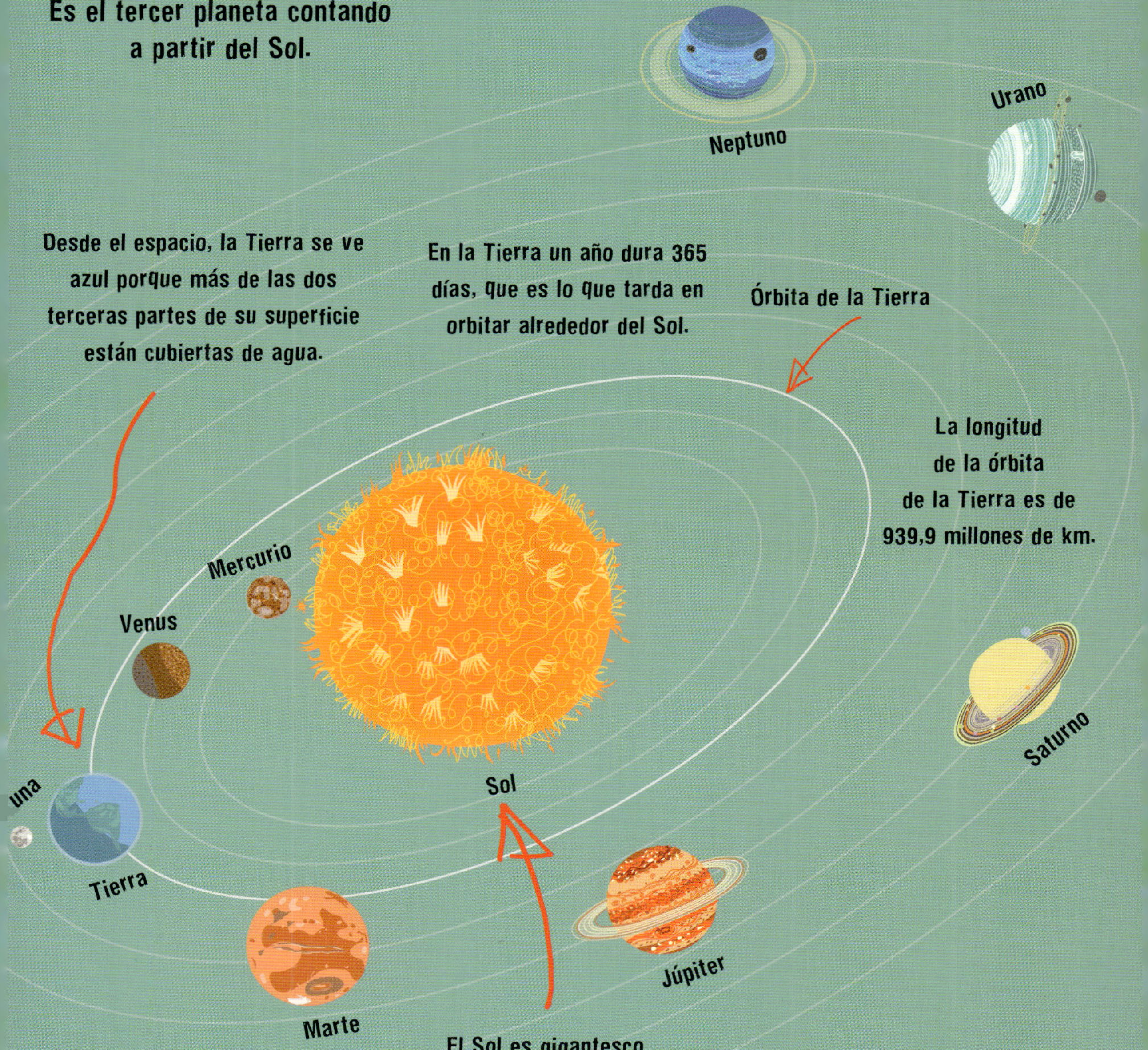

Desde el espacio, la Tierra se ve azul porque más de las dos terceras partes de su superficie están cubiertas de agua.

En la Tierra un año dura 365 días, que es lo que tarda en orbitar alrededor del Sol.

La longitud de la órbita de la Tierra es de 939,9 millones de km.

El Sol es gigantesco comparado con la Tierra. El diámetro del Sol es 109 veces mayor que el de la Tierra.

La Tierra gira

... en 30 segundos

¡Nos movemos! La Tierra gira lentamente en torno a su eje, una línea recta imaginaria que atraviesa el planeta por el centro desde el Polo Norte hasta el Polo Sur.

La Tierra gira sin parar, pero nosotros no lo notamos porque se mueve suavemente a velocidad constante.

Tarda 23 horas, 56 minutos y 4 segundos en dar una vuelta completa alrededor de su eje. Durante ese tiempo, siempre hay algunas zonas de la Tierra que están encaradas al Sol. Cuando eso sucede, en esos lugares es de día. Se hace de noche en un lugar cuando deja de estar encarado al Sol. Cuando en un lado de la Tierra es de día, en el otro es de noche. Cuando te levantas para desayunar, la gente que vive al otro lado del mundo se prepara para ir a dormir.

Durante el día, parece como si el Sol atravesara el cielo. En realidad, el Sol no se mueve; la que se mueve es la Tierra. La Tierra siempre gira en la misma dirección, hacia el este; por eso todos los días vemos al Sol salir por el este y ponerse por el oeste.

Resumen en 3 segundos

La Tierra gira en torno a su eje, lo que hace que haya día y noche.

Misión de 3 minutos La Tierra gira

Para entender por qué hay día y noche, busca un balón de baloncesto y una linterna. El balón será la Tierra, y la linterna, el Sol. Dibuja el perfil de los continentes sobre el balón con cinta adhesiva. Cierra las cortinas. Haz girar el balón y pídele a un amigo que lo enfoque con la linterna. Verás como los continentes pasan de estar iluminados a estar en la sombra.

La Tierra gira en torno a su eje;
el Sol, en cambio, permanece quieto.

Las estaciones

... en 30 segundos

¿Sabías que la Tierra está inclinada? Su eje forma un ángulo de 23,5° con la vertical a su órbita. A medida que la Tierra se mueve alrededor del Sol, cada lugar de ella recibe diferentes cantidades de luz y de calor en el transcurso del año. Esto es lo que provoca las estaciones.

Cuando el Polo Norte se inclina hacia el Sol, es verano en el hemisferio norte. El clima es templado y los días son largos. Mientras tanto, en el hemisferio sur es invierno. El clima es frío y los días son cortos.

Cuando el Polo Sur se inclina hacia el Sol, las estaciones se invierten: es invierno en el hemisferio norte y verano en el hemisferio sur. Entre el verano y el invierno, los lugares situados entre el ecuador y los polos tienen dos estaciones intermedias: primavera y otoño. Cada estación dura unos tres meses.

Los lugares que están situados en el ecuador no se ven afectados por la inclinación de la Tierra. Siempre están inclinados hacia el Sol, y en ellos hace calor durante todo el año. En esas zonas el año se divide en dos estaciones: la seca y la húmeda. En los polos también hay solo dos estaciones: seis meses de invierno y seis meses de verano.

Resumen en 3 segundos

Las estaciones se deben a que la Tierra está inclinada con relación a su eje.

Misión de 3 minutos
Comprueba las estaciones

Sostén un globo terráqueo (o una pelota con el Polo Norte y el Polo Sur marcados). Pídele a un amigo que haga de Sol con una pelota de playa. Inclina el globo terráqueo y empieza a dar vueltas lentamente alrededor del Sol. Párate cuando creas que es verano en el hemisferio norte. ¿Has acertado? Compruébalo en la ilustración de la página siguiente.

Hay estaciones porque las diferentes partes de la Tierra están más cerca o más lejos del Sol durante el recorrido de su órbita.

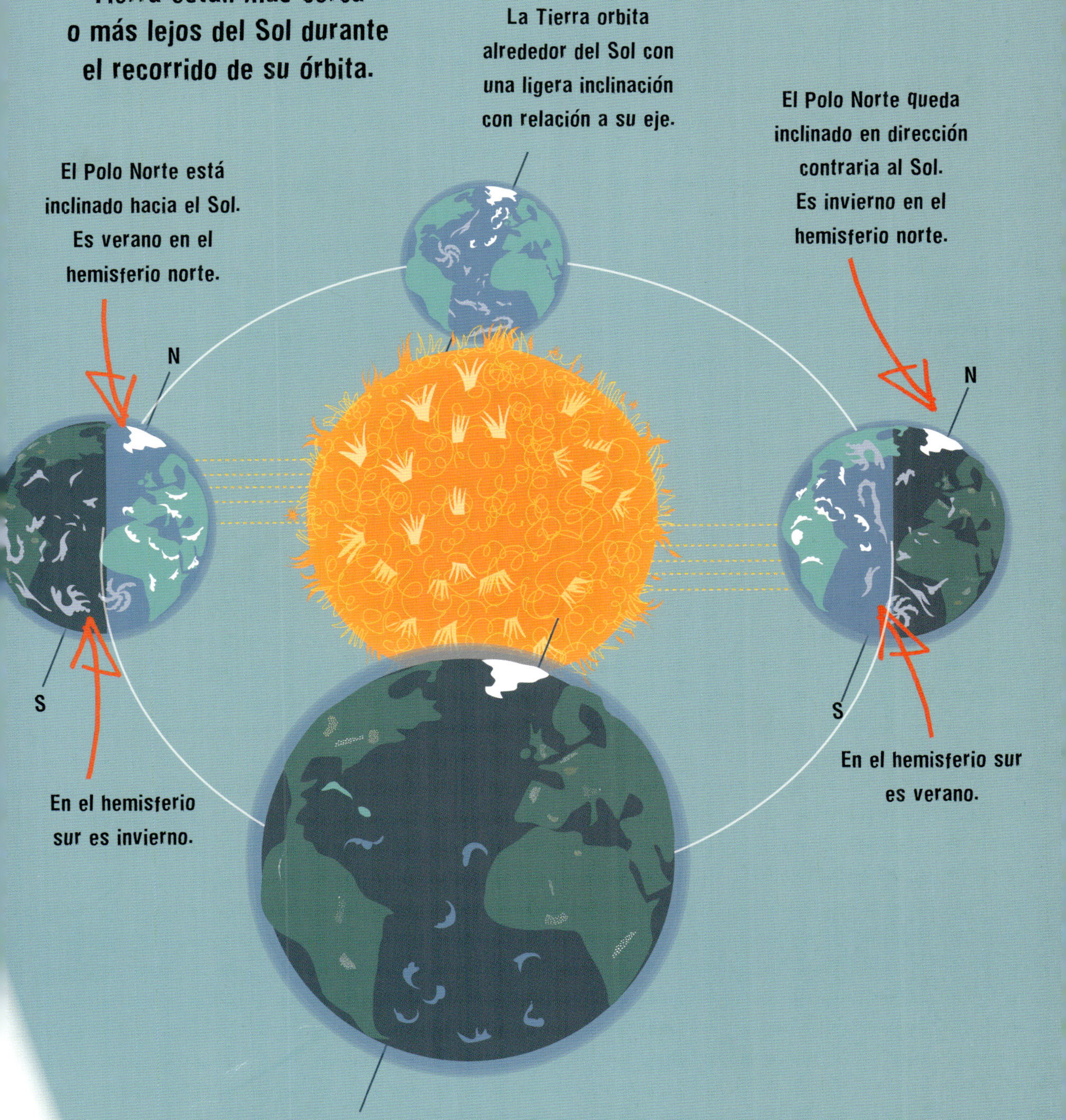

La estructura de la Tierra

Cuando sales a dar un paseo, ¿te paras a pensar en lo que sucede bajo tus pies? ¿Sabes de qué está hecho nuestro planeta? El suelo que pisas es de rocas duras, pero no siempre han estado en ese lugar. A lo largo de miles de años, las rocas se han roto y se han movido, creando los continentes y las montañas que conocemos hoy en día, provocando impresionantes terremotos y erupciones volcánicas. En este capítulo aprenderás más sobre nuestro agitado planeta.

Glosario

continente Cada una de las grandes masas territoriales de la Tierra, como Europa, Asia o África.

corteza La capa exterior de la Tierra. El suelo que pisamos.

deriva continental El lento movimiento de los continentes, que se alejan y se acercan entre sí.

domo Tipo de montaña que se forma cuando el magma que hay bajo el suelo empuja las rocas hacia arriba dándoles una forma redondeada.

erosión Destrucción y eliminación gradual de la superficie de algo por la acción del viento, la lluvia u otros fenómenos naturales.

esfera Cualquier objeto completamente redondo, como por ejemplo una pelota.

lava Roca muy caliente en estado líquido que sale de un volcán y se deposita sobre la superficie de la Tierra.

magma Roca muy caliente en estado líquido que se encuentra bajo la superficie de la Tierra.

manto Parte de la Tierra situada debajo de la corteza y que envuelve el núcleo.

montaña en bloque Se forma cuando las fracturas en la corteza terrestre hacen que se levanten enormes bloques de roca.

montaña plegada Se forma cuando dos placas tectónicas chocan entre sí. Las rocas se arrugan formando gigantescos pliegues verticales.

núcleo La parte más profunda de la Tierra.

onda sísmica Movimiento del aire a muy alta presión causado por un terremoto.

roca ígnea Roca formada cuando se solidifica el magma, en particular después de emerger de un volcán.

roca metamórfica Roca formada por la acción del calor o la presión.

roca sedimentaria Roca formada a partir de la arena, las piedras, el barro, etcétera, que se acumulan en el fondo de los lagos.

De la corteza al núcleo

... en 30 segundos

La Tierra no es completamente redonda. Es una esfera un poco aplastada, más plana en las partes superior e inferior. Está un poco abombada en la parte central, en la zona ecuatorial. El suelo sólido y rocoso sobre el que andamos es la corteza de la Tierra.

El espesor de la corteza varía. Debajo de los continentes, el espesor medio es de 35 km, pero debajo del mar solo es de 6 a 10 km.

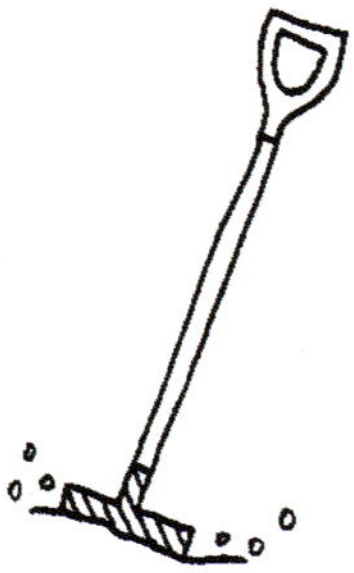

Debajo de la corteza hay una capa de roca llamada «manto». El manto está tan caliente que una parte se funde y se ablanda. A esa roca fundida se la llama «magma».

Bajo el manto está el núcleo de la Tierra. Tiene dos capas: el núcleo exterior y el núcleo interior. El exterior es de metal líquido, principalmente de hierro y níquel. El núcleo interno es de metal sólido y está a una temperatura de unos 4500 °C. Este metal no se funde debido a la gran presión que ejerce sobre él el peso de las capas que lo rodean.

Resumen en 3 segundos

La Tierra está formada por diferentes capas, desde la corteza hasta el núcleo.

El centro de la Tierra

La distancia desde la corteza hasta el centro de la Tierra es de unos 6400 km. Si se pudiera andar hasta el centro de la Tierra, se tardarían 53 días y 53 noches caminando sin parar. El agujero más profundo que ha perforado el ser humano medía solo 12 km.

La Tierra consta de tres capas principales: la corteza, el manto y el núcleo.

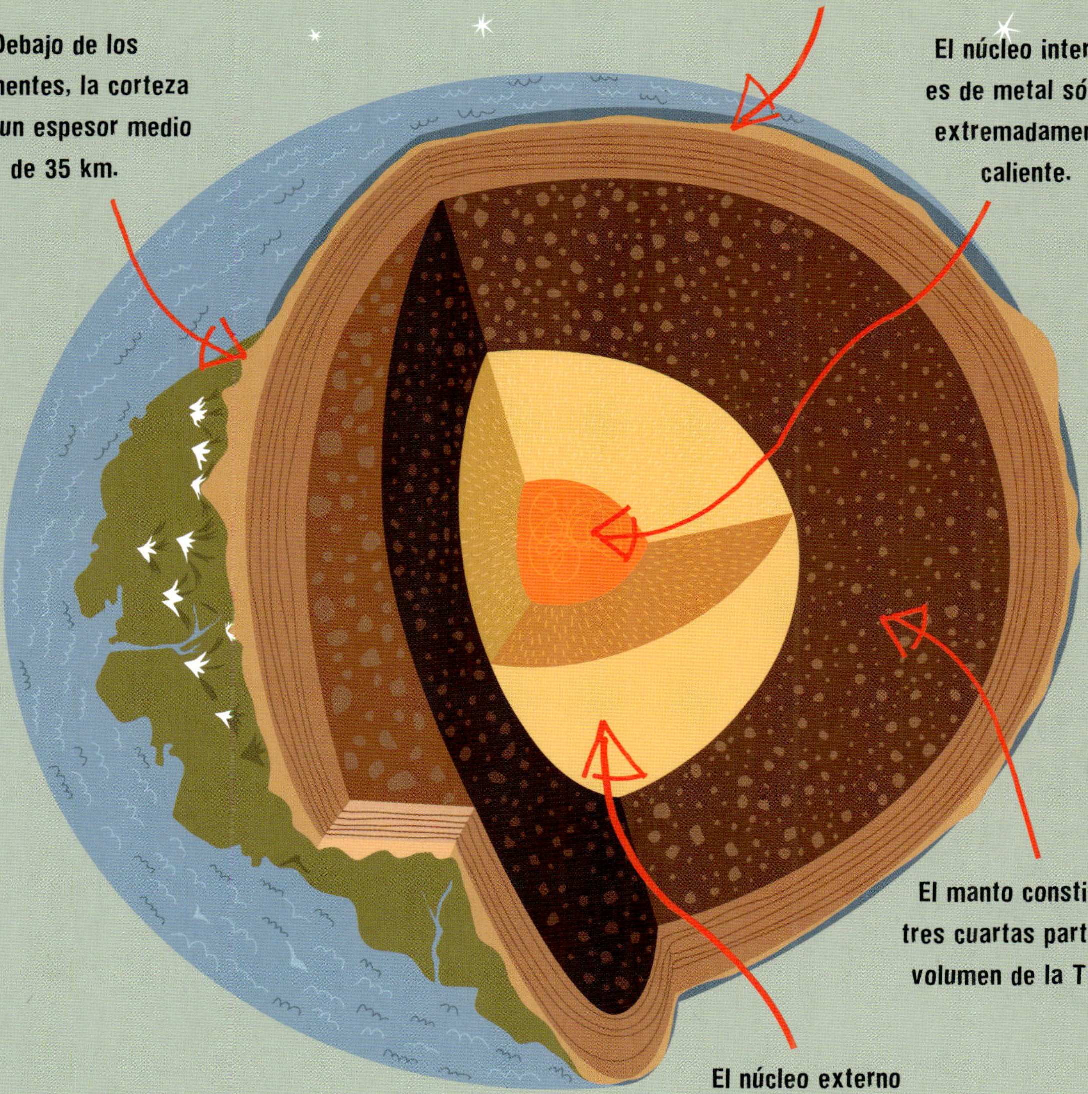

Deriva continental

... en 30 segundos

¡Los continentes se mueven! La corteza que envuelve la Tierra está dividida en gigantescos bloques llamados «placas tectónicas». Hay siete grandes placas y muchas otras más pequeñas. Las placas se mueven unos 2,5 cm cada año, arrastrando consigo los continentes. Este movimiento se conoce con el nombre de «deriva continental». Las placas se deslizan sobre la capa de magma fundido que está debajo, en el manto de la Tierra.

En algunos lugares, los bordes de las placas se separan. En otros, se deslizan una sobre otra. En ocasiones, los bordes de dos placas chocan entre sí. Estos movimientos son los que provocan los terremotos, crean los volcanes y forman las montañas.

Los continentes se mueven desde hace millones de años. Hace unos 250 millones de años, todos los continentes que conocemos actualmente estaban juntos formando un supercontinente llamado Pangea. Pangea se dividió para formar Laurasia y Gondwana. Entonces Gondwana se fracturó y formó la Antártida, Sudamérica, África, India y algunas partes del Sureste Asiático y Australia. Laurasia se separó para formar Norteamérica, Europa y Asia.

Resumen en 3 segundos

La corteza de la Tierra está dividida en bloques que se mueven lentamente.

Misión de 3 minutos
Tectónica de placas de avena

Pídele a un adulto que te ayude a cocinar un poco de harina de avena. Cuando está recién cocida, está caliente y líquida, como el magma de la Tierra. Déjala enfriar un poco. Se formará una especie de piel fría en la superficie, como la corteza de la Tierra. Si vuelves a calentar la avena, la superficie se moverá e irán apareciendo burbujas por toda la «corteza», como volcanes en erupción.

Los continentes de la Tierra se deslizan sobre siete placas tectónicas. A lo largo de millones de años, los continentes se han ido desplazando hasta donde están hoy.

Hace 250 000 000 años

Había un solo supercontinente llamado Pangea.

Pangea se fracturó y de formaron Laurasia y Gondwana.

Hace 200 000 000 años

Gondwana se dividió y formó África y Sudamérica. Después se dividió Laurasia y formó Norteamérica, Europa y Asia.

Hace 65 000 000 años

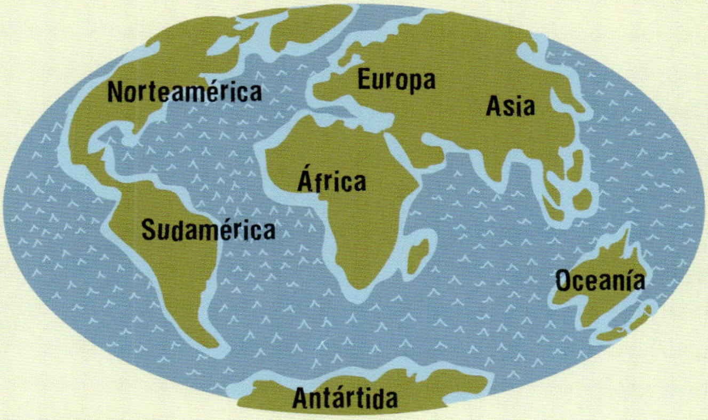

Hoy

Actualmente hay siete continentes.

Rocas y minerales

... en 30 segundos

Si cavas un agujero en el suelo, encontrarás roca sólida. Las rocas son el elemento esencial de la corteza terrestre.

Hay rocas de muchas formas, texturas y colores. Hay tres tipos de rocas.

Las rocas ígneas empiezan siendo magma muy caliente en el interior de la Tierra. El magma sube hacia la superficie, donde puede llegar a hacer erupción a través de un volcán. Entonces se enfría y se endurece para formar rocas ígneas, como el basalto, el granito o la obsidiana.

Las rocas sedimentarias se forman a partir de pequeños trozos de roca, arena y barro procedentes de la erosión y de restos de pequeños animales marinos. A lo largo de millones de años, se van comprimiendo y forman capas de roca, como por ejemplo la piedra arenisca, la piedra caliza o la creta.

Las rocas metamórficas son rocas ígneas o sedimentarias que cambian como consecuencia del calor que hay en el subsuelo o de las enormes fuerzas que hacen subir las montañas. El mármol, la pizarra y la cuarcita son rocas metamórficas.

Misión de 3 minutos **Cómo se forman las rocas**

Las rocas se forman por la acción de la presión y del calor. Vamos a ver cómo.

Necesitarás: • 3 rebanadas de pan blanco y 3 de pan integral • papel encerado • libros pesados • un microondas • la ayuda de un adulto

1 Apila las rebanadas de pan, alternando una de pan blanco y una de integral. Envuélvelas en papel encerado.

2 Coloca unos cuantos libros encima de la pila para aplastarla. Quita los libros.

3 Coloca el pan en el microondas durante 1 minuto. El calor y la presión harán que el pan se ponga duro. Así es como se forman las rocas.

Resumen en 3 segundos

La corteza de la Tierra está formada por diferentes tipos de rocas y minerales.

Existen tres tipos de rocas, y cada uno se forma de una manera diferente.

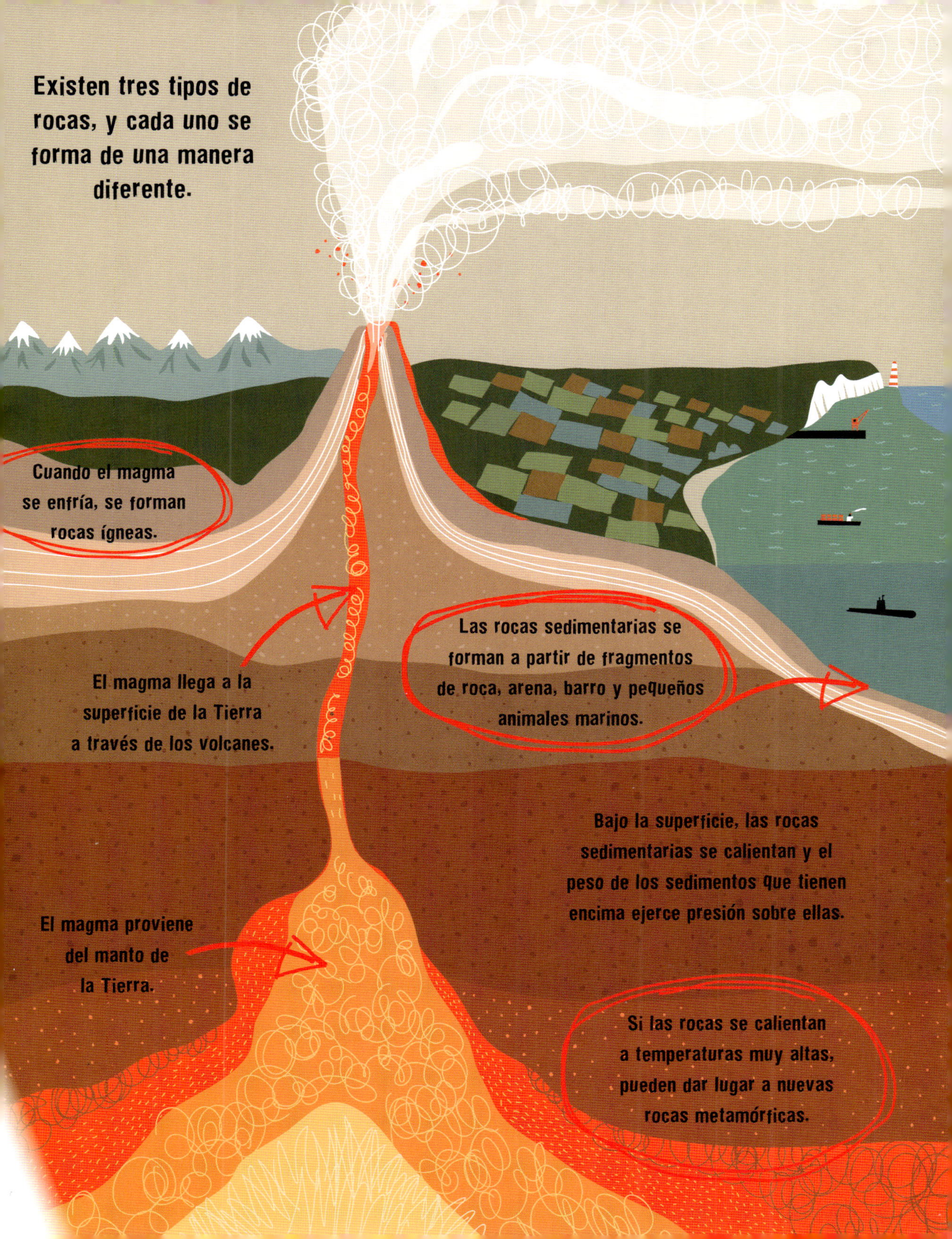

Volcanes

... en 30 segundos

Los volcanes entran en erupción cuando el magma y los gases de las profundidades de la Tierra se someten a presión, lo que hace que salgan a la superficie a través de las grietas de la corteza. El magma puede salir a la superficie en forma de chorros de roca muy caliente, pero también puede explotar y hacerlo en forma de nubes de ceniza y polvo.

Hay unos 1500 volcanes activos en todo el mundo. La mayoría están situados en los bordes de las placas tectónicas.

Cuando el magma llega a la superficie de la Tierra, recibe el nombre de «lava». Puede alcanzar temperaturas de más de 1200 °C y fluir a una velocidad de hasta 100 km por hora.

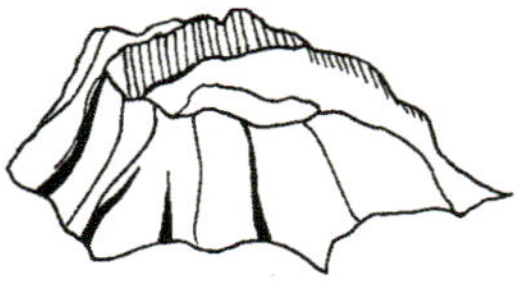

Seguramente te imaginas los volcanes como montañas con forma de cono, pero no todos son así. Su forma depende de lo espesa que sea la lava y de la violencia de la erupción. La lava más espesa da lugar a volcanes altos y cónicos con las laderas muy empinadas. La lava más líquida forma volcanes más redondeados y con pendientes menos pronunciadas.

Resumen en 3 segundos

Los volcanes entran en erupción cuando el magma es empujado hacia la superficie.

Vulcanólogos

Los vulcanólogos estudian los volcanes. Es un trabajo fascinante, estimulante y a veces peligroso. Algunos vulcanólogos estudian los volcanes activos para intentar descubrir cómo proteger a la gente que vive en las proximidades. Corren el riesgo de estar cerca de un volcán cuando entra en erupción. Sienten como tiembla la tierra cuando el volcán entra en erupción; oyen el atronador sonido de las explosiones y de las rocas al romperse, e incluso les cae algo de ceniza encima. Para ser vulcanólogo, hay que estudiar ciencias, matemáticas e informática.

Las erupciones volcánicas empiezan en las profundidades de la Tierra, cuando el magma y los gases son empujados hacia la superficie.

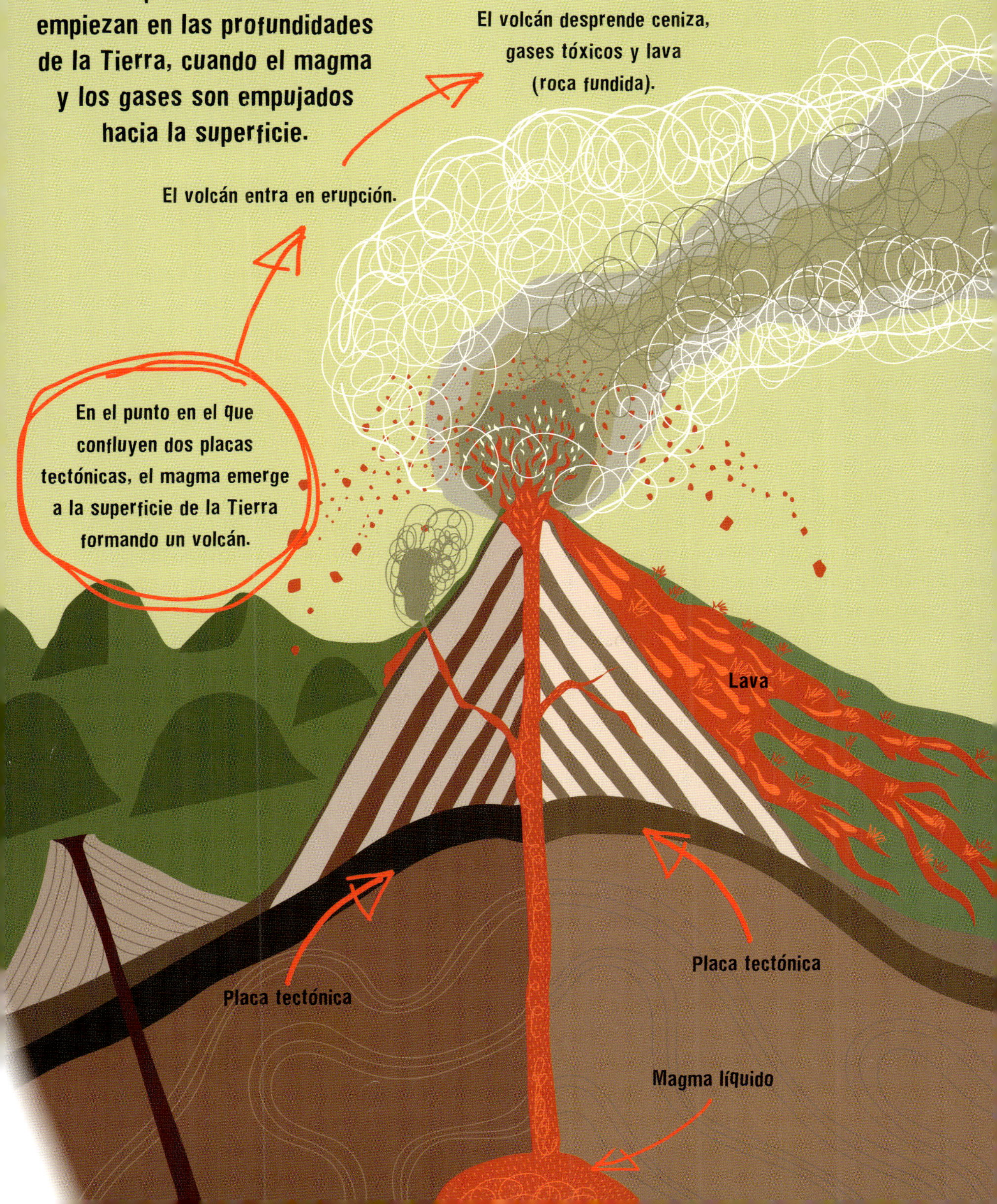

Terremotos

... en 30 segundos

En ocasiones, los bordes de las placas tectónicas se quedan bloqueados, pero las placas se siguen moviendo. Se empujan mutuamente. Bajo el suelo aumenta la presión. De repente, la presión se libera. Las rocas se deslizan y se producen gigantescas ondas sísmicas.

El suelo tiembla violentamente. Es un terremoto. Las ondas sísmicas de un terremoto de gran magnitud pueden llegar a viajar miles de kilómetros. Pueden provocar caídas de edificios, accidentes de tráfico, caídas de líneas eléctricas, y las personas pueden resultar gravemente heridas o incluso morir.

Los sismólogos (expertos en terremotos) generalmente usan la escala Richter para medir los terremotos. Esta escala clasifica los terremotos de 0 a 10 según su magnitud (la cantidad de energía liberada cuando las rocas se rompen). Cada punto de aumento implica que la energía liberada es unas 30 veces mayor. Un terremoto de magnitud 4 en la escala de Richter es nada menos que de 900 a 1000 veces más potente que uno de magnitud 2.

Resumen en 3 segundos

Se produce un terremoto cuando las placas tectónicas se mueven repentinamente.

Misión de 3 minutos Ondas sísmicas

Para entender cómo funcionan las ondas sísmicas, lo único que tienes que hacer es tirar una piedra en un estanque o en una charca. Observa cómo las ondas se desplazan hacia fuera. La ondulación es más intensa en el punto en que se forma la onda y se va haciendo más tenue a medida que se aleja del núcleo de origen.

En Internet encontrarás divertidas animaciones que muestran cómo se producen los terremotos.

Los terremotos pueden ser devastadores. El movimiento repentino de las placas tectónicas provoca enormes ondas sísmicas.

Este corte transversal muestra que las placas siguen moviéndose.

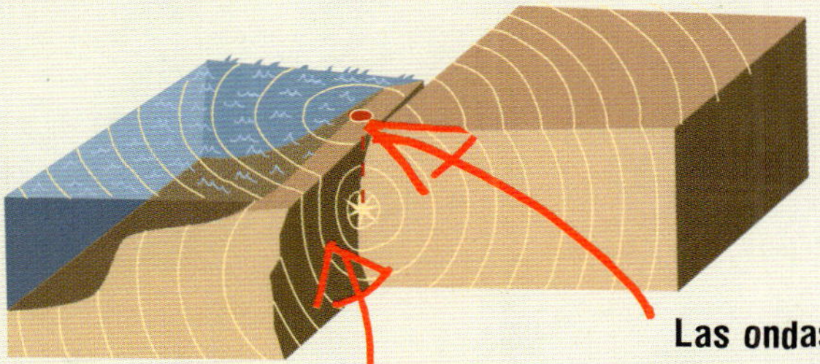

Las ondas sísmicas llegan a la superficie en el epicentro, exactamente encima del hipocentro.

Las rocas se deslizan repentinamente. Aquí, en el hipocentro, es donde se originan las ondas sísmicas.

Montañas

... en 30 segundos

Los movimientos de la corteza terrestre han creado la mayoría de las grandes montañas del mundo. Cuando dos placas chocan entre sí, las rocas se doblan hacia arriba formando gigantescos pliegues, que dan lugar a las montañas plegadas. La cordillera del Himalaya, en Asia, se formó de esta forma hace 40 millones de años.

Cuando las fallas o las grietas de la corteza terrestre empujan enormes bloques de roca hacia arriba, se forman las montañas de bloque. Su cima es más plana que la de las montañas plegadas. La cordillera de Sierra Nevada, en Norteamérica, está formada por montañas de bloque.

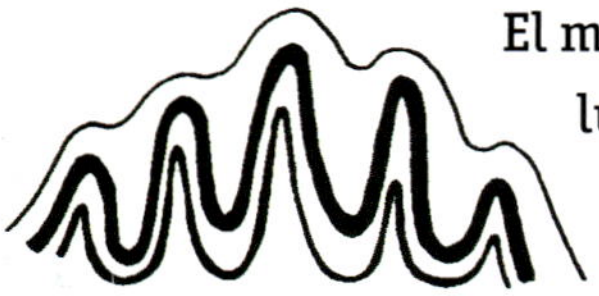

El magma que hay bajo la corteza puede empujar la roca hacia arriba, dando lugar a los llamados «domos». El magma empuja las rocas que tiene encima y forma un enorme bulto redondeado. Las Colinas Negras de Norteamérica se formaron de esta manera. Al entrar en erupción, los volcanes también pueden crear montañas. El monte Kilimanjaro, en Tanzania, y el monte Etna, en Italia, se formaron así.

¿Sabías que las cordilleras pueden medir miles de kilómetros? La cordillera más larga de la Tierra es la de los Andes, en América del Sur. Mide unos 7250 km.

Resumen en 3 segundos

La corteza terrestre puede moverse y crear montañas enormes.

Misión de 3 minutos Crear una montaña

Crea tus propias montañas plegadas.

Necesitarás: • 4 tiras de plastilina de diferentes colores • 2 bloques de madera

1 Forma una pila con las tiras de plastilina, como capas de roca.

2 Coloca un bloque de madera en cada uno de los extremos como si fueran las placas tectónicas.

3 Empuja los bloques los tacos de madera como si fueran las dos placas que van a colisionar.

4 Cuanto más juntes los bloques, más se deformarán las capas de plastilina.

La cordillera del Himalaya se formó como consecuencia de movimientos en la corteza terrestre.

La placa tectónica sobre la que se halla India chocó contra la placa donde está el resto de Asia.

Se empezó a formar la cordillera del Himalaya.

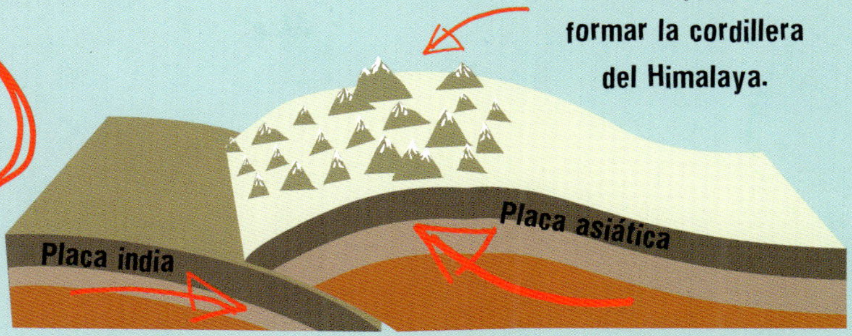

Las dos placas se empujaban mutuamente, lo que hizo que la corteza terrestre se levantara.

La cordillera se convirtió en la más alta de la Tierra... y sigue creciendo.

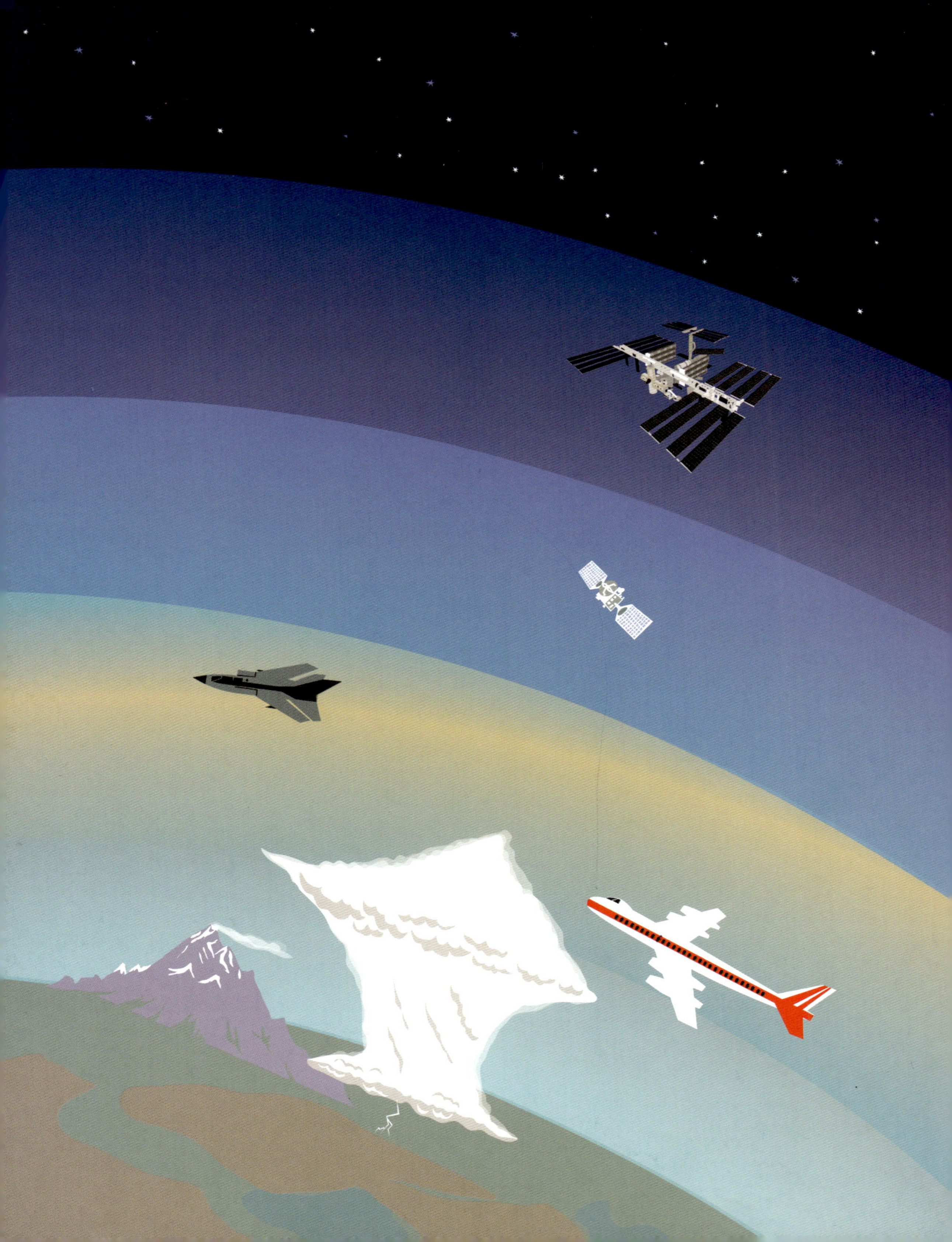

El tiempo y el clima

¿Qué tiempo hace donde vives? El tiempo es un fenómeno que se produce en la atmósfera de la Tierra, cuando los rayos del Sol calientan el aire. Tiene lugar todos los días, a todas horas. El clima, en cambio, es el patrón que sigue el tiempo en un lugar determinado durante un largo período de tiempo. El clima pasa de ser frío y gélido en los polos a cálido y húmedo en los trópicos. En este capítulo aprenderás que la lluvia que cae sobre ti ha caído ya muchas veces, y también cuáles son los vientos más fuertes del planeta.

El tiempo y el clima

Glosario

altocúmulo Uno de los tipos de nube de altitud media.

atmósfera Mezcla de gases que cubre la Tierra.

carga (eléctrica) Cantidad de electricidad que lleva una sustancia.

cirro Tipo de nube ligera que se forma a gran altura.

clima Patrón regular de las condiciones atmosféricas en un lugar determinado.

condensación Cambio de estado de gas a líquido. Por ejemplo, cuando el vapor de agua se convierte en agua.

corriente de aire Movimiento del aire en una dirección concreta.

cúmulo Tipo de nube densa y blanca que se forma a baja altura.

cumulonimbo Nube grande, alta y densa con la base plana que suele verse cuando hay tormenta.

desechos Trozos de madera, metal, ladrillo o basura que el viento se lleva consigo cuando se produce un tornado.

estrato Nube baja que forma una capa gris que cubre el cielo.

estratosfera Capa de la atmósfera de la Tierra situada aproximadamente entre 16 y 50 km sobre la superficie de la Tierra.

evaporación Cambio de estado de un líquido cuando se convierte en gas; por ejemplo, cuando el agua se convierte en vapor.

exosfera Zona cercana al borde exterior de la atmósfera de un planeta.

marejada ciclónica Subida poco frecuente del nivel del mar cerca de la costa provocada por el viento de una fuerte tormenta.

mesosfera Parte de la atmósfera de la Tierra que está entre 50 y 85 km del suelo, entre la estratosfera y la termosfera.

microclima Tiempo atmosférico de una pequeña zona, en especial cuando es diferente al de sus alrededores.

ojo (de una tormenta) Zona de calma situada en el centro de una tormenta.

polar Relativo o cercano al Polo Norte o al Polo Sur.

presión atmosférica Fuerza que ejerce el aire de la atmósfera sobre la superficie de la Tierra.

supercelda Tormenta de intensidad extraordinaria.

templado Que goza de temperaturas suaves, sin demasiado frío ni demasiado calor.

termosfera Región de la atmósfera situada sobre la mesosfera, entre 85 y 500 km sobre la superficie de la Tierra.

tropical Relativo a los trópicos, la zona situada justo por encima y por debajo del ecuador. Su clima es cálido o muy cálido y húmedo durante todo el año.

troposfera La capa más baja de la atmósfera de la Tierra, entre la superficie terrestre y 8-16 km de altitud.

vapor de agua Masa de diminutas gotas de agua presente en el aire.

vórtice Masa de aire de un tornado que gira muy rápidamente y atrae las cosas hacia su centro.

La atmósfera de la Tierra

... en 30 segundos

¿Qué es lo que nos separa del negro espacio exterior? La Tierra está cubierta de una gigantesca manta de gases llamada «atmósfera». La atmósfera tiene diversas capas. Nosotros vivimos en la troposfera, que va de la superficie de la Tierra hasta unos 8-16 km de altitud. La troposfera es la que nos proporciona el oxígeno que necesitamos para respirar.

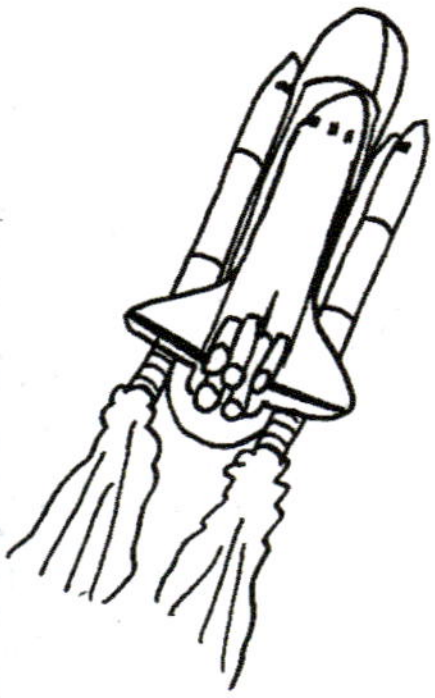

El aire de la troposfera nunca está en reposo. Está constantemente en movimiento a causa de los cambios en la presión atmosférica y en la temperatura. El aire, al moverse, contribuye a propagar el calor del Sol por todo el mundo y es el responsable de nuestro tiempo.

¿Sientes la presión? El peso del aire de la atmósfera presiona todo lo que hay en la Tierra, incluso a ti. La presión atmosférica varía todo el tiempo. En las zonas de baja presión, el punto de presión más baja está en el centro. Las bajas presiones suelen ir acompañadas de un tiempo húmedo y nuboso. Las altas presiones traen consigo días secos y soleados.

Resumen en 3 segundos

La atmósfera es un manto de gases que cubre la Tierra.

Misión de 3 minutos
Juega con la presión atmosférica

Necesitarás: • un trozo de cartón fino de 7,5 x 12,5 cm • un vaso • agua

1. Llena el vaso hasta un tercio de su capacidad.
2. Moja el borde del vaso y tápalo con el cartón. Sujeta el cartón para que no se mueva.
3. Colócate junto al lavabo y dale la vuelta al vaso, sin dejar de sujetar el cartón. Retira poco a poco la mano que sujeta el cartón.
4. ¿Qué ocurre? La fuerza que ejerce la presión atmosférica contra el cartón hace que este no se mueva y que no se vierta el agua.

La atmósfera es un manto de gases que cubre la Tierra. Consta de cinco capas.

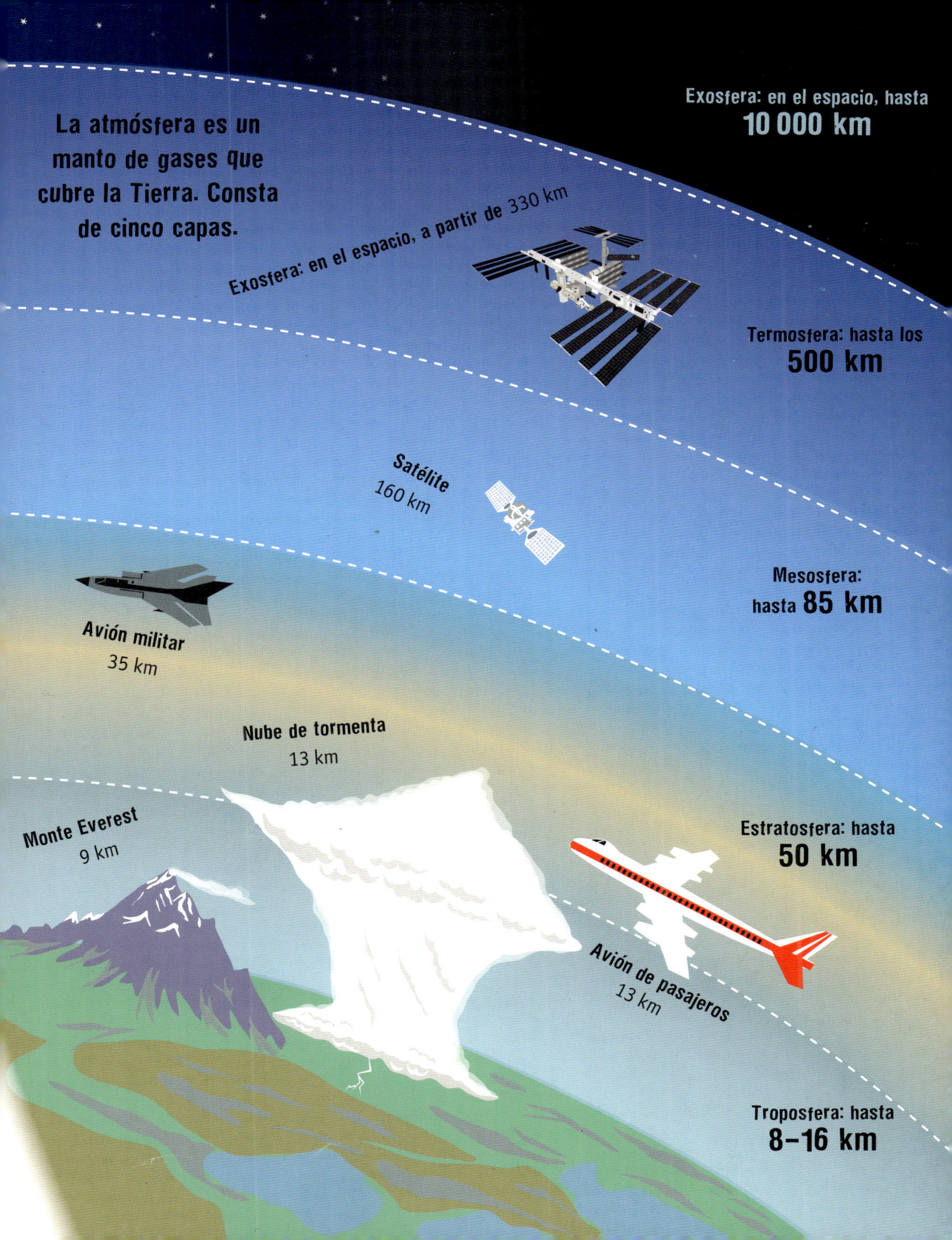

El ciclo del agua

... en 30 segundos

El agua que te moja cuando llueve ha hecho un largo viaje que empieza en el mar. El agua se evapora del mar formando vapor de agua que se difunde por la atmósfera. El vapor de agua no se puede ver. Pero, si el aire está cargado de él, produce una sensación de calor y bochorno.

Si el vapor de agua se enfría, se condensa formando gotitas de agua o pequeños cristales de hielo. Estas gotitas y estos cristales forman las nubes que ves en el cielo. Si se hacen lo suficientemente grandes, caen de las nubes en forma de lluvia o de nieve. La lluvia y la nieve derretida fluyen por el suelo formando riachuelos y ríos que devuelven el agua al mar.

El agua se desplaza constantemente: del mar a la atmósfera; de la atmósfera al suelo; del suelo a los ríos y los lagos, y de ahí de vuelta al mar. Esta circulación del agua es lo que se conoce como «el ciclo del agua».

Las nubes forman parte del ciclo del agua. La próxima vez que salgas, intenta identificar los siguientes tipos de nubes: cúmulo (nube baja y algodonosa); estrato (nube formada por capas horizontales); cumulonimbo (nube que produce lluvia), y altocúmulo (nube de altitud media).

Resumen en 3 segundos

El ciclo del agua es el camino que sigue el agua en el suelo y en la atmósfera.

Misión de 3 minutos **Haz llover**

Necesitarás: • un cuenco grande de cristal • agua caliente • papel de aluminio o film transparente • cubitos de hielo

1. Vierte el agua caliente en el cuenco hasta que haya unos 5 cm de agua.
2. Corta un trozo de papel de aluminio o de film transparente para cubrir bien el cuenco.
3. Pon unos cuantos cubitos encima.
4. El agua del interior del cuenco se evaporará y se formará vapor de agua. Cuando el vapor de agua entre en contacto con el papel de aluminio, se condensará y volverá al «mar» en forma de «lluvia».

El ciclo del agua es el circuito cerrado que recorre el agua desde la atmósfera hasta la superficie de la Tierra, y viceversa.

Rayos y truenos

... en 30 segundos

Mientras lees esto, hay en el mundo alrededor de 2000 tormentas. El destello de los rayos y el estruendo de los truenos son dos de los fenómenos atmosféricos más espectaculares de la Tierra.

El rayo es una chispa eléctrica de gran potencia que salta por el aire y calienta el aire a miles de grados. Este calor hace que el aire se expanda repentinamente, lo que provoca el ensordecedor sonido del trueno.

Las tormentas tienen lugar cuando los cúmulos crecen hasta convertirse en gigantescas nubes de tormenta llamadas «cumulonimbos». Pueden llegar a medir más de 10 km de altura. Las potentes corrientes de aire fluyen por el interior de las nubes, hacia arriba y hacia abajo, generando enormes cargas eléctricas. Las cargas positivas se forman en la parte superior de la nube y las negativas, en la parte inferior.

Cuando las cargas son lo suficientemente grandes, la electricidad pasa de una parte de la nube a otra, de una nube a otra o de una nube al suelo. Estos desplazamientos son lo que vemos como rayos. Un fucilazo es un relámpago que ilumina una nube; un rayo en zigzag es como una especie de vena luminosa.

Resumen en 3 segundos

Un rayo es una chispa de electricidad que salta por el aire.

Misión de 3 minutos ¿Dónde está la tormenta?

La luz viaja a una velocidad mucho mayor que el sonido; por eso vemos el rayo antes de oír el trueno. Saber a qué distancia está la tormenta es muy sencillo.

1 Cuando veas el rayo, pon el cronómetro en marcha.

2 Cuando oigas el trueno, para el cronómetro.

3 Divide los segundos transcurridos entre tres para calcular los kilómetros a los que está la tormenta. El sonido viaja a una velocidad de 1 km cada 3 segundos. Por ejemplo, si has cronometrado 9 segundos, la tormenta está a 3 km.

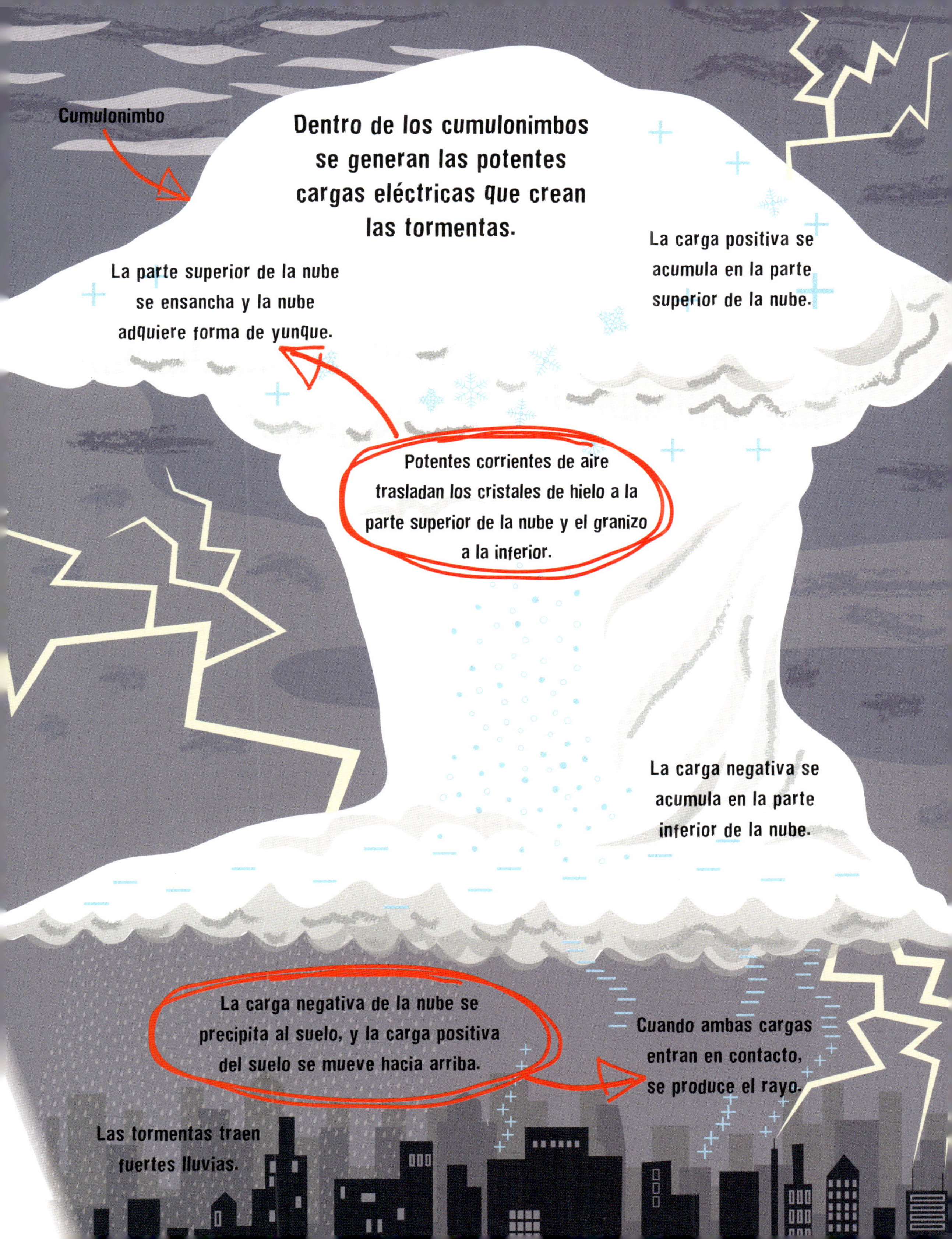

Cumulonimbo
Dentro de los cumulonimbos se generan las potentes cargas eléctricas que crean las tormentas.
La parte superior de la nube se ensancha y la nube adquiere forma de yunque.
La carga positiva se acumula en la parte superior de la nube.
Potentes corrientes de aire trasladan los cristales de hielo a la parte superior de la nube y el granizo a la inferior.
La carga negativa se acumula en la parte inferior de la nube.
La carga negativa de la nube se precipita al suelo, y la carga positiva del suelo se mueve hacia arriba.
Cuando ambas cargas entran en contacto, se produce el rayo.
Las tormentas traen fuertes lluvias.

Huracanes

... en 30 segundos

Los huracanes son enormes tormentas giratorias. Provocan vientos extraordinariamente fuertes, lluvias torrenciales y olas enormes en el mar, y pueden causar inundaciones en tierra firme.

Un huracán empieza como un grupo de tormentas que se forman sobre los cálidos mares tropicales cerca del ecuador. A veces las tormentas se arremolinan, y entonces se las llama «tormentas tropicales». Algunas se dispersan, pero hay otras que siguen creciendo, alimentándose de la energía del mar cálido que atraviesan. Sus vientos se vuelven cada vez más intensos, y crecen hasta formar grupos de enormes nubes verticales cargadas de lluvia.

Cuando los vientos del interior de una tormenta tropical alcanzan los 119 km por hora, la tormenta pasa a considerarse huracán. La escala Saffir-Simpson mide la fuerza de los huracanes por categorías que van del 1 al 5. ¡Los huracanes de categoría 5 provocan vientos de más de 250 km por hora!

Mientras están sobre el mar, los huracanes desplazan grandes cantidades de agua que provocan lo que se llama «marejadas ciclónicas». Cuando el huracán toca tierra firme, el agua que desplaza hace que el mar se desborde y se producen inundaciones. En 2005, la marejada ciclónica provocada por el huracán Katrina causó graves inundaciones en Nueva Orleans. Los fuertes vientos y las intensas lluvias de los huracanes también pueden ocasionar importantes daños.

Resumen en 3 segundos

Un huracán es una enorme tormenta en remolino que produce fuertes vientos.

El nombre de los huracanes

A todos los huracanes se les pone nombre. La Organización Meteorológica Mundial prepara listas de nombres para cada año. Las listas se reutilizan cada seis años. Si un huracán provoca muchos daños, su nombre no vuelve a usarse nunca más. Andrew, Mitch y Katrina son algunos de los nombres que no volverán a usarse.

Los huracanes se forman sobre los cálidos mares tropicales. Si llegan a tocar tierra, causan terribles daños e inundaciones.

La pared de nubes que rodea el ojo del huracán se conoce como pared del ojo.

El ojo es un agujero situado en el centro en el que no hay nubes.

En el hemisferio sur los huracanes giran en el sentido de las agujas del reloj. En el hemisferio norte lo hacen en el sentido contrario.

Los huracanes provocan fuertes vientos, intensas lluvias y tormentas.

Tornados

... en 30 segundos

¿Sabías que los vientos más fuertes de la Tierra se encuentran en el interior de los tornados? Los tornados son serpenteantes columnas de aire que se mueve de forma circular. Provocan vientos de hasta 480 km por hora. Tienen la fuerza suficiente para hacer pedazos un edificio, volcar coches e incluso descarrilar trenes.

El origen de los tornados son tormentas muy cargadas de energía conocidas como «superceldas». Las potentes corrientes de aire del interior de una supercelda crean una columna de aire que gira muy rápidamente. Esta columna, llamada «vórtice», está en la parte inferior de la celda. Cuando la columna de aire desciende por la celda y toca el suelo, tenemos un tornado.

El aire que hay en la parte exterior de un tornado se mueve en espiral hacia arriba, arrastrando consigo un montón de desechos. Estos restos se mueven a gran velocidad, y el tornado puede llegar a arrastrarlos varios kilómetros antes de devolverlos al suelo, lo que causa terribles daños. Los tornados pueden medir más de 3 km de ancho y moverse por el suelo a velocidades de hasta 115 km por hora.

Resumen en 3 segundos

Un tornado es una columna de aire que gira a enormes velocidades y provoca vientos increíblemente fuertes.

Misión de 3 minutos **Tornado en una botella**

Necesitarás: • una jarra de agua grande y transparente con tapa • detergente lavavajillas • colorante alimentario • agua

1 Llena la jarra de agua casi hasta el borde.

2 Añade unas gotas de colorante al agua y unas gotas de lavavajillas.

3 Haz girar la jarra una y otra vez para que el agua dé vueltas en su interior. Después para.

4 ¿Ves el pequeño tornado que se forma dentro de la jarra?

Cuando las corrientes de aire del interior de una supercelda forman un vórtice que llega hasta el suelo, se produce un tornado.

Las zonas climáticas

... en 30 segundos

¿Cuántos tipos de tiempo se presentan en un año? El clima es el patrón de tiempo atmosférico que se desarrolla en un lugar determinado durante un largo período. No es lo mismo que el tiempo que hace día a día. Si vives en un lugar cuyos veranos son cálidos, es posible que algunos días de verano sean más frescos. Pero, por lo general, el tiempo será cálido todo el verano.

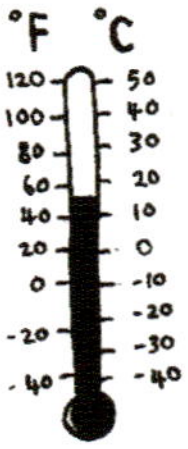

Cada parte del mundo tiene su clima. Estas regiones se conocen con el nombre de «zonas climáticas». Existen tres tipos principales de zonas climáticas: polares, tropicales y templadas.

Los lugares situados cerca del Polo Norte y del Polo Sur tienen un clima polar. Hace frío durante todo el año; los inviernos son extremadamente fríos y no existen los veranos cálidos. Los lugares cercanos al ecuador tienen un clima tropical. Hace mucho calor durante todo el año, y tienen una estación seca y otra lluviosa. Los lugares situados entre el ecuador y los polos tienen un clima templado. Hay cuatro estaciones: el verano y la primavera son cálidos, y el invierno y el otoño son más fríos.

Existen otras zonas climáticas, como los climas alpinos, que son fríos, húmedos y ventosos. O los desérticos, que son muy secos.

Resumen en 3 segundos

El clima es el patrón de tiempo atmosférico que se repite durante un largo período de tiempo.

Microclimas

Los expertos del tiempo dicen que hay ciertos lugares que tienen su propio microclima, o clima local. En las ciudades, el calor que desprenden los edificios hace que el clima sea más cálido que en las afueras. En las montañas hace frío y viento, pero los valles suelen tener un microclima más cálido, porque están resguardados del viento.

La Tierra tiene tres zonas climáticas principales: la polar, la tropical y la templada.

El mundo acuático

Una buena parte de nuestro planeta está cubierta de agua. Esta agua se encuentra en los cinco océanos y en los ríos y lagos de todo el mundo. Parte de esa agua está congelada en forma de glaciares y placas de hielo. En este capítulo descubrirás muchas cosas sobre nuestro mundo acuático: los lagos más grandes y profundos; el recorrido de los ríos desde su nacimiento hasta el mar, y los fantásticos paisajes submarinos.

Glosario

arco Forma rocosa que aparece en las rocas costeras por la erosión de las paredes rocosas de la misma.

bacteria La más sencilla y pequeña de las formas de vida. Hay grandes cantidades de ellas en el aire, en el agua, en el suelo, en los animales, en las plantas y en los seres inanimados. A menudo son causa de enfermedades.

bahía Parte del mar rodeada parcialmente por una gran curva de tierra de la costa.

brazo muerto Lago que se forma cuando un meandro queda separado del río principal.

cabo Lengua de tierra que sobresale de la línea de costa y se adentra en el mar.

circo Depresión redondeada y cóncava que se forma en la ladera de una montaña.

corriente Movimiento del agua en el mar o en un río.

delta Zona de tierra formada por los sedimentos depositados en la desembocadura de los ríos. Suele ser triangular. En esa área el río se bifurca en corrientes más pequeñas antes de desembocar en el mar.

desembocadura Lugar en el que un río confluye con el mar.

erosión Destrucción y eliminación gradual de la superficie de algo por la acción del viento, la lluvia u otros fenómenos naturales.

estuario Parte ancha de un río en el punto en que desemboca en el mar.

evaporación Cambio de estado de un líquido cuando se convierte en gas; por ejemplo, cuando el agua se transforma en vapor.

farallón Columna que se forma en la costa cuando se desmorona un arco de roca.

fosa oceánica Profundo valle en el suelo del océano.

glaciar Enorme masa de hielo formada por la nieve de las montañas que desciende, por lo general muy lentamente, hacia un valle.

gravedad Fuerza que en el espacio hace que los objetos se atraigan entre sí y que en la Tierra atrae a los objetos hacia el centro del planeta; es la que hace que, al soltarlas, las cosas caigan.

lago de cráter Lago que se forma en la caldera de un volcán inactivo.

lago tectónico Cuando el movimiento de las placas tectónicas de la Tierra levanta o hace que se desprendan enormes bloques de roca, se puede formar un lago tectónico en el vacío resultante.

magma Roca líquida muy caliente que se encuentra bajo la corteza terrestre.

mareas Subidas y bajadas regulares del nivel del mar provocadas por la fuerza de atracción de la Luna y del Sol.

meandro Curva de un río.

mineral Sustancia presente en la naturaleza que no se ha formado a partir de animales ni vegetales, como por ejemplo el oro y la sal.

monte submarino Montaña bajo el mar.

morrenas Masas de tierra y roca que arrastran los glaciares y que se liberan cuando estos se derriten.

placa tectónica Cada uno de los grandes bloques de roca que forman la superficie de la Tierra.

sedimentos Arena, piedras, barro y otros materiales que arrastran el agua o el viento y que se depositan, por ejemplo, en el fondo de un lago o un río.

terreno inundable Zona de tierra llana situada junto a un río que se inunda cuando este se desborda porque no puede llevar más agua.

zona de ablación Parte final del glaciar donde se derrite el hielo.

Océanos y mares

... en 30 segundos

¿Sabes por qué la Tierra es conocida también como el Planeta Azul? Porque más de dos tercios de su superficie están cubiertos de agua. Hay cinco océanos: el Pacífico, el Atlántico, el Índico, el Antártico y el Ártico.

El océano Pacífico es el más grande. Abarca casi la mitad del diámetro del planeta. Es casi tan grande como el resto de los océanos juntos. El más pequeño es el Ártico, y durante la mayor parte del año está cubierto de hielo.

Un mar es una extensión de agua más pequeña que forma parte de un océano. Por ejemplo, el mar Mediterráneo está en el océano Atlántico, y el mar Arábigo forma parte del océano Índico. Muchos mares están rodeados, al menos en parte, de tierra.

Aproximadamente el 97 por ciento del agua de la Tierra se encuentra en los océanos. El agua del mar es salada debido a los minerales que se han disuelto en ella (principalmente sal común). La mayor parte de las sales proceden de las rocas que hay en tierra firme: la lluvia y los ríos lavan las rocas y trasladan las sales al mar. Una parte de las sales procede de los volcanes submarinos.

Resumen en 3 segundos

Los océanos y los mares cubren más de dos tercios de la Tierra.

Corrientes oceánicas

El agua del océano se mueve constantemente. El viento forma corrientes, grandes franjas de agua que fluyen por el océano como si fueran ríos. Algunas corrientes son de agua caliente; otras, de agua fría.

Las corrientes contribuyen a repartir el calor por todo el mundo, y tienen un efecto importante en el tiempo atmosférico de los lugares por los que fluyen.

Estos cinco globos terráqueos muestran dónde están situados los cinco grandes océanos de la Tierra.

Bajo el mar

... en 30 segundos

Las capas altas del mar están iluminadas por los rayos solares, pero, a medida que nos sumergimos, se va haciendo todo más oscuro. A partir de los 100 m de profundidad, la oscuridad es total y el frío es extremo.

Los paisajes submarinos son extraordinarios. Sobre el fondo oceánico, se extienden vastas planicies cubiertas de sedimentos formados a partir de restos de plantas y animales marinos. Donde se separan las placas tectónicas y dejan salir el magma, se forman largas cordilleras de montañas llamadas dorsales oceánicas.

También hay montañas que no forman parte de estas cordilleras: los montes submarinos, algunos de los cuales son más altos que los más elevados que existen en tierra firme.

Las fosas son profundos valles que se forman en el suelo del océano. La más profunda de ellas es la fosa de las Marianas, en el océano Pacífico. El punto más profundo de esta fosa está a 10 994 m por debajo de la superficie del océano. Si el monte Everest, la montaña más alta del mundo, se colocara en el fondo de la fosa de las Marianas, quedaría bajo 1,6 km de agua.

Resumen en 3 segundos

Bajo el mar hay grandes planicies, montañas muy altas y fosas muy profundas.

Fuentes hidrotermales

En algunas dorsales oceánicas, hay fuentes hidrotermales (respiraderos hidrotermales) en el lecho marino de las que emergen chorros de agua muy caliente y oscura. Los minerales del agua crean estructuras con forma de chimenea alrededor de las fuentes. Allí viven varias especies de animales, entre ellos gusanos de tubo gigantes de 2 m de longitud, cangrejos y camarones. Se alimentan de las bacterias que allí crecen, que a su vez se nutren de los minerales del agua de las fuentes.

Bajo el mar el paisaje es espectacular: hay montañas muy altas y profundas fosas.

En el borde de un continente, el lecho marino se precipita hacia el fondo con una pendiente pronunciada.

La plataforma continental es una zona situada a lo largo del borde de un continente en la que el mar es menos profundo.

El lecho oceánico está entre 3 500 y 4 500 m bajo la superficie.

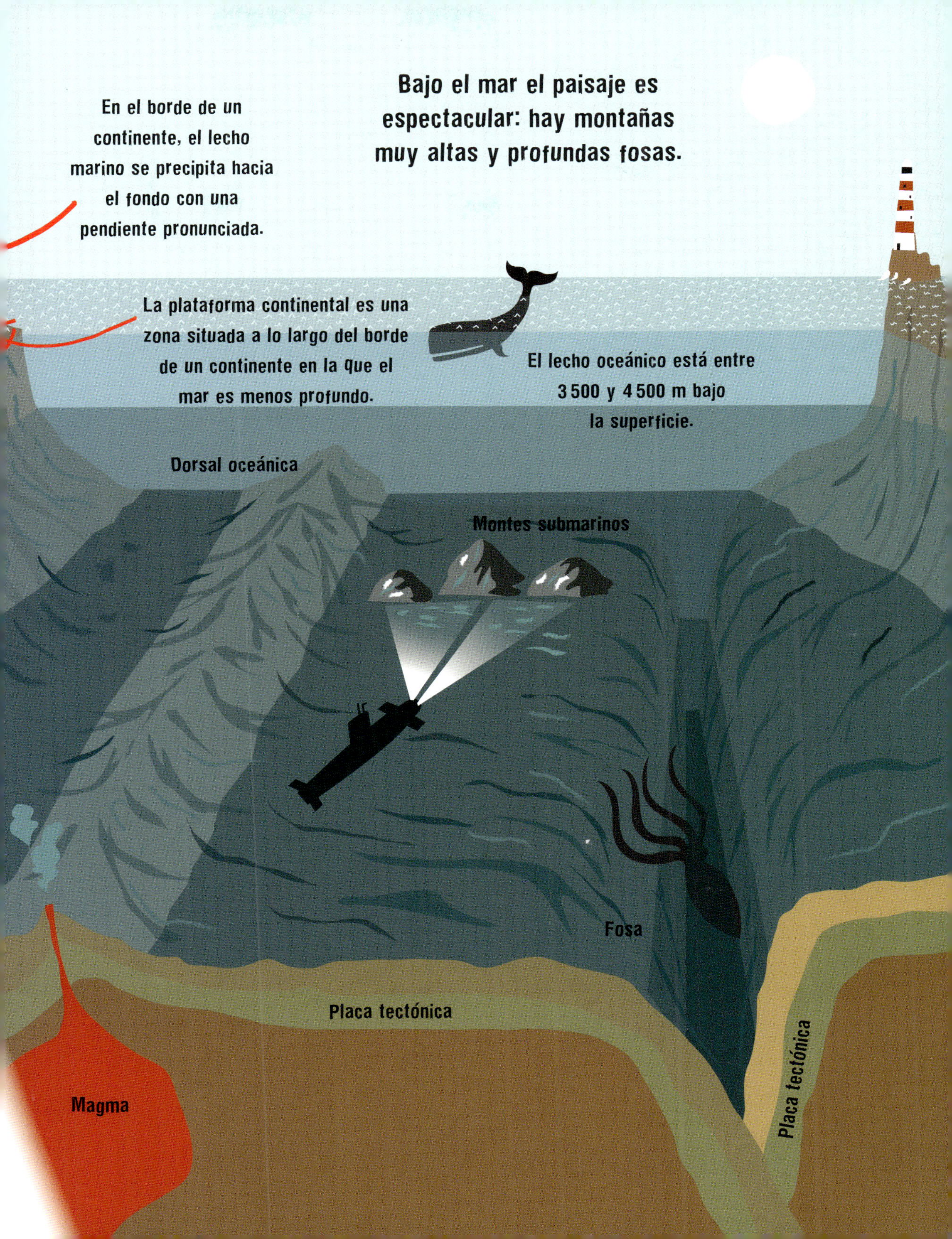

Costas

... en 30 segundos

La costa es el lugar donde la tierra se encuentra con el mar. En ella, la fuerza del viento y de las olas erosiona las rocas, cambiando el paisaje constantemente: esculpen los acantilados y forman cuevas y arcos.

Los estuarios son los lugares donde los ríos confluyen con el mar. En los estuarios la costa se introduce tierra adentro. En el fondo poco profundo de los estuarios hay bancos de lodo que quedan al descubierto cuando hay marea baja.

En la mayoría de las zonas, el nivel del mar sube y baja dos veces al día con las mareas. La fuerza gravitacional que ejerce la Luna sobre la Tierra es la causa principal de las mareas.

La gravedad atrae el agua de los océanos, lo que hace que el agua se acumule en el lado de la Tierra encarado con la Luna. En ese lado de la Tierra habrá marea alta. A medida que la Tierra va girando, las zonas bajo la influencia lunar cambian, y por tanto también las mareas.

El Sol también influye en las mareas. Hace que sean más altas o más bajas en diferentes épocas del año.

Resumen en 3 segundos

La costa es el lugar donde la tierra se encuentra con el mar.

Misión de 3 minutos Doblar olas

Necesitarás: • una bandeja para el horno grande y profunda • una taza • una tapa de plástico rectangular

1 Llena la bandeja con 1 cm de agua.

2 Coloca la taza boca abajo en el centro de la bandeja.

3 Provoca pequeñas olas en el agua con el borde de la tapa.

4 Las olas se doblarán alrededor de la taza y se volverán a unir en el otro lado. Así es como las olas se doblan cuando topan con un cabo cerca de la costa.

Los cabos se forman en los lugares en los que la roca es más dura y se erosiona con más lentitud.
La fuerza del viento y las olas esculpe la costa formando accidentes costeros.
El arco se derrumba y queda un farallón.
... que después se convierte en arco.
El cabo se va erosionando hasta formar una cueva...
Las bahías se forman en los lugares en los que la roca es más blanda y frágil, por lo que se erosiona más rápidamente.

Ríos

... en 30 segundos

El agua de los ríos y los lagos representa solo el 1 por ciento del agua de la Tierra. Se trata de agua dulce. Los ríos trasladan el agua de la tierra al mar. Por el camino, dan forma al paisaje por el que discurren.

A lo largo de su recorrido, el río arrastra una gran cantidad de sedimentos (roca, barro y arcilla). Las rocas desgastan el lecho del río, excavando valles. Parte de la carga de sedimentos (principalmente el barro y la arcilla) queda depositada en las zonas inundables próximas al río, lo que las hace especialmente indicadas para su cultivo.

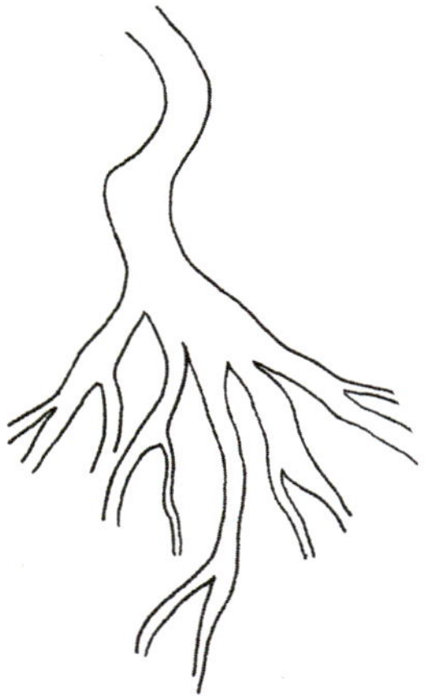

Cerca del mar, el río llega a su fase final. En su desembocadura, el agua del río se mezcla con la del mar. Aquí se depositan más sedimentos, creando una extensión triangular de tierra que se gana al mar, conocida con el nombre de «delta».

El Nilo es el río más largo de la Tierra. Recorre 6695 km, y atraviesa varios países africanos. El Nilo ha dado lugar a uno de los deltas más grandes del mundo.

Resumen en 3 segundos

Los ríos transportan el agua de tierra firme al mar.

Misión de 3 minutos Crea tus sedimentos

Necesitarás: • una bandeja para el horno grande • un listón de madera de unos 2,5 cm de grueso • arena • una jarra de agua • un espacio exterior

1 Cubre la bandeja con una capa de arena de unos 6 mm de espesor. Apoya un extremo de la bandeja sobre el listón de madera.

2 Vierte el agua poco a poco sobre el extremo elevado de la bandeja. Observa lo que le sucede a la arena.

3 El agua arrastra la arena hacia abajo y la suelta en el otro extremo de la bandeja. Lo mismo hace el río con los sedimentos.

Los ríos fluyen a través del paisaje, moldeándolo a su paso y transportando el agua hacia el mar.

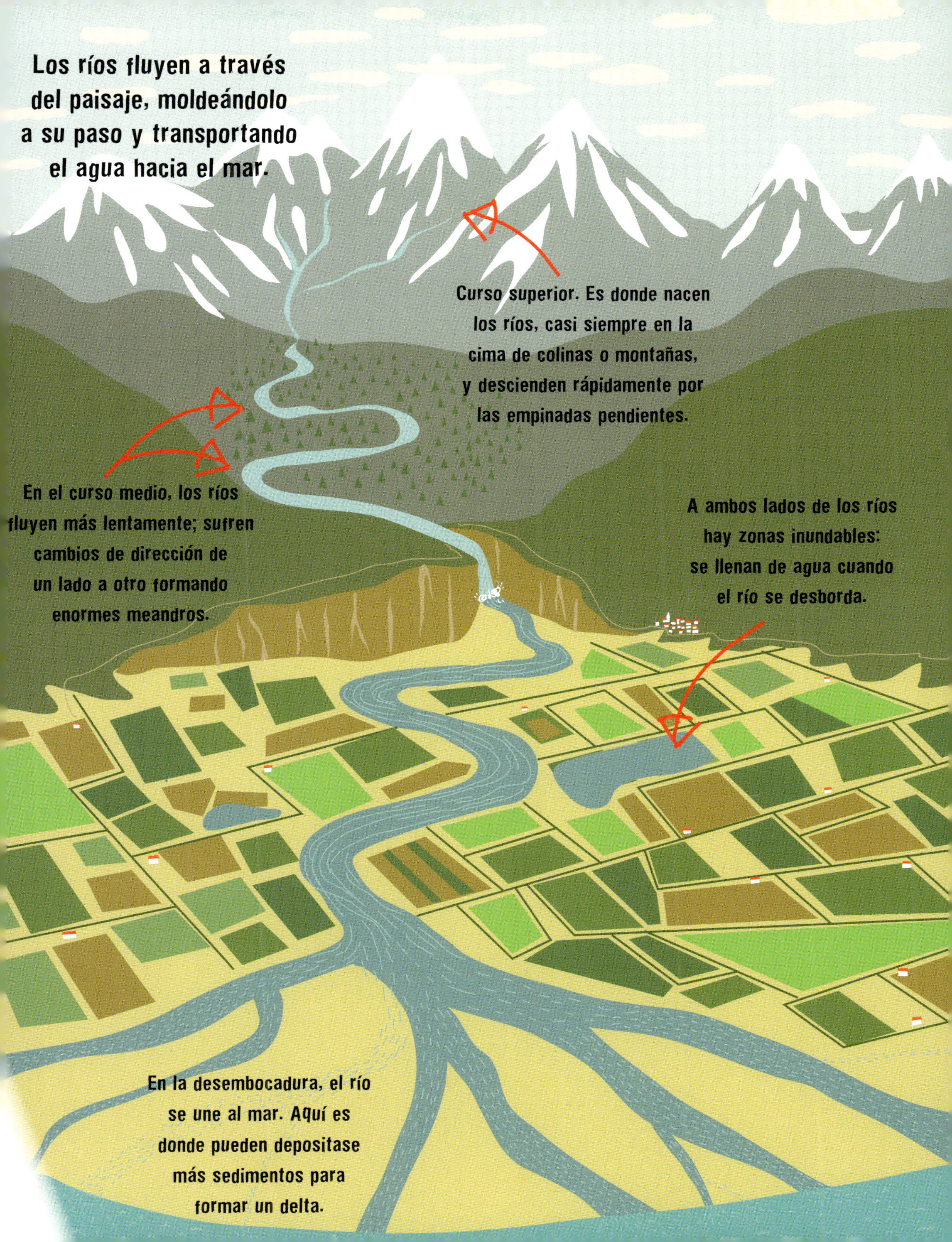

Curso superior. Es donde nacen los ríos, casi siempre en la cima de colinas o montañas, y descienden rápidamente por las empinadas pendientes.

En el curso medio, los ríos fluyen más lentamente; sufren cambios de dirección de un lado a otro formando enormes meandros.

A ambos lados de los ríos hay zonas inundables: se llenan de agua cuando el río se desborda.

En la desembocadura, el río se une al mar. Aquí es donde pueden depositase más sedimentos para formar un delta.

Lagos

... en 30 segundos

Haz un hoyo en el suelo y vierte mucha agua en él. Acabas de crear un lago en miniatura. Un lago no es más que eso: un hoyo lleno de agua.

Hay diferentes tipos de lagos. En las zonas montañosas, muchos lagos se forman en zonas excavadas por antiguos glaciares. Los brazos muertos aparecen cuando los meandros de los ríos quedan separados de estos.

Cuando el movimiento de las placas tectónicas de la Tierra levanta o hace caer enormes bloques de roca, en los vacíos resultantes se forman los lagos tectónicos. Los lagos de cráter aparecen en la caldera de volcanes inactivos.

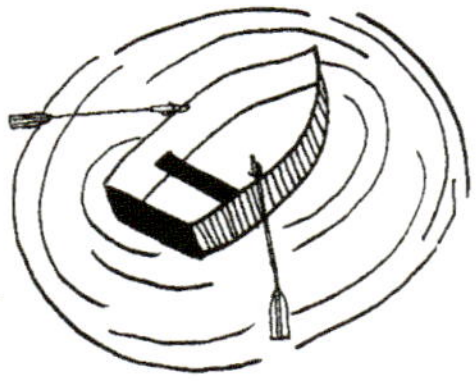

¿Cómo llega el agua a los lagos? El agua dulce proviene de los ríos y los riachuelos que fluyen hasta ellos, del hielo que se derrite en los glaciares o del agua que brota del subsuelo. El agua de lluvia también cae sobre los lagos.

Algunos lagos son salados. Se forman cuando el agua disuelve los minerales salados de las rocas del lecho del lago. El agua se va evaporando, pero las sales se quedan en el lago. Los grandes lagos de agua salada, como el mar Caspio, se llaman «mares interiores».

Resumen en 3 segundos

Un lago es un hoyo en el paisaje que se llena de agua.

Los lagos más grandes y profundos

El lago más grande de la Tierra es el lago Superior, uno de los Grandes Lagos de Norteamérica. Ocupa una superficie de 82 100 km², que equivale a unos 66 millones de piscinas olímpicas. El lago más profundo de la Tierra es el lago Baikal, en Rusia. Su profundidad máxima es de 1642 m. ¡Eso es más de un kilómetro y medio!

Un lago es un hoyo lleno de agua. Los diferentes tipos de lagos se forman de distintas maneras.

Glaciares

... en 30 segundos

Si escalas la cima de las montañas más altas del mundo, lo único que vas a ver durante todo el año es nieve. Gradualmente, a lo largo de miles de años, las capas de nieve profundas de las cimas de las montañas se convierten en hielo glaciar.

Forman un gran río helado conocido con el nombre de «glaciar». Los glaciares se deslizan lentamente ladera abajo. Es muy difícil ver un glaciar en movimiento, ya que por lo general suelen moverse en torno a 2 m al día.

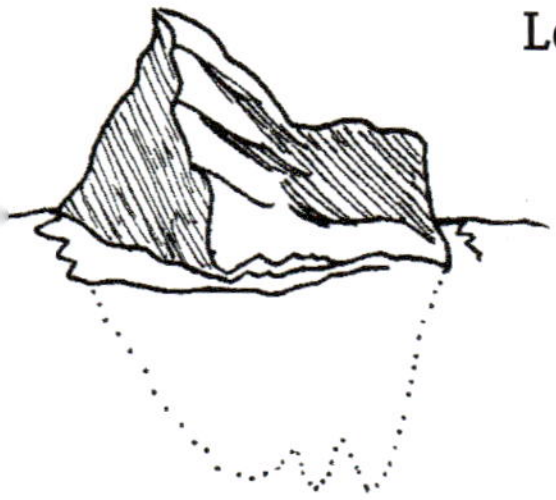

Los glaciares también se desprenden de los casquetes polares (las enormes y gruesas placas de hielo que cubren la Antártida y Groenlandia).

Con el tiempo, los glaciares van excavando depresiones, llamadas «circos», en las laderas de las montañas, así como valles en forma de U, con las paredes muy abruptas y el lecho plano.

Cuando el hielo llega a lo que se llama «zona de ablación», empieza a derretirse y deposita ahí mismo los trozos de roca que ha ido arrastrando.

Muchos glaciares terminan en el océano o en un lago. Grandes bloques de hielo se desprenden y se precipitan al agua, produciendo un ruido ensordecedor.

Resumen en 3 segundos

Un glaciar es un río de hielo que avanza muy lentamente.

Misión de 3 minutos Glaciares desde el espacio

Necesitarás: • un ordenador (o una tableta o un teléfono inteligente) con la aplicación Google Earth.

1 Abre Google Earth.

2 Escribe «Himalaya» en la barra de búsqueda.

3 Acerca la imagen para ver las montañas del Himalaya con más detalle.

4 Escribe «Everest». ¿Puedes ver los glaciares que se deslizan por sus laderas?

Los glaciares se originan en la cima de las montañas y descienden lentamente por sus laderas como ríos de hielo.

Ecosistemas asombrosos

Un ecosistema es una comunidad de seres vivos (plantas y animales) y materiales inanimados (rocas, aire y agua) que dependen unos de otros para existir. Un ecosistema puede ser tan grande como un desierto o tan diminuto como un pequeño charco. En este capítulo aprenderás un montón de cosas sobre algunos de los grandes ecosistemas de la Tierra, desde las húmedas selvas tropicales hasta las islas más remotas, los gélidos polos y los espectaculares arrecifes de coral.

Glosario

aislamiento Estar aislado significa estar separado de todo lo demás.

arrecife de coral Estructura subacuática hecha de rocas creadas por pequeños animales que viven en el agua.

bosque templado húmedo Bosques situados en zonas montañosas y lluviosas.

continente Cada una de las grandes masas territoriales de la Tierra, como América, Europa, Asia o África.

dosel arbóreo La capa de la selva tropical que comprende las copas y las regiones superiores de los árboles y que cubre la selva a modo de tejado.

duna Colina de arena formada por el viento, cerca del mar o en el desierto.

ecosistema Todas las cosas vivas e inertes que se encuentran en una determinada zona.

ecuador Línea imaginaria que rodea la Tierra y que está a la misma distancia del Polo Norte que del Polo Sur.

eje Línea imaginaria que atraviesa la Tierra por el centro y alrededor de la cual gira.

estrato emergente Capa superior de la selva tropical donde los árboles más altos crecen por encima del dosel arbóreo.

mamífero Animal de sangre caliente con pelo y glándulas mamarias productoras de leche con la que alimenta a sus crías. Casi todos paren las crías vivas. Los caballos, los humanos y las ballenas son mamíferos.

manglar Selva que crece en áreas costeras de los trópicos. Los árboles de estas selvas toleran bien el agua salada del mar.

oasis Zona del desierto en la que hay agua y donde pueden crecer las plantas.

pólipo (coral) Criatura marina pequeña y muy simple con el cuerpo con forma de tubo.

polos Los dos extremos opuestos del eje de la Tierra, conocidos como Polo Norte y Polo Sur.

selva pluvial de tierras bajas Tipo de selva tropical situada cerca del ecuador y que recibe muchas lluvias. Se encuentra en tierras bajas, hasta 1 km sobre el nivel del mar.

selva tropical Bosque denso que crece en las partes tropicales del mundo y que recibe grandes cantidades de lluvia.

sombra orográfica Zona seca debido a que las colinas la protegen de los vientos que traen consigo la lluvia.

sotobosque En una selva tropical, la segunda capa desde el suelo de la selva, y donde apenas llega el sol.

trópicos Zonas situadas justo por encima y por debajo del ecuador. Su clima es cálido o muy cálido y húmedo durante todo el año.

Desiertos

... en 30 segundos

Imagina un desierto. Seguramente pensarás en una gran extensión de abrasadora arena. Pero no todos los desiertos son de arena. Algunos son de roca o pedregosos. La Antártida, por ejemplo, es de hielo. En los desiertos de arena, el viento arrastra la arena formando gigantescas montañas, llamadas dunas, que pueden llegar a medir cientos de metros de altura.

Todos los desiertos son secos. Algunos están tierra adentro, donde casi nunca llueve. Otros se forman a los pies de cordilleras de montañas. La lluvia puede caer sobre estas montañas, pero no llega a la tierra que hay a sus pies.

El desierto de Atacama se encuentra en la sombra orográfica de la cordillera de los Andes. En algunas zonas de este desierto no ha llovido en siglos.

Muchos desiertos, como el del Sahara en África, son extremadamente cálidos durante el día todo el año. Algunos, como el de Gobi, al norte de Asia, son muy fríos en invierno. En todos los desiertos hace frío de noche.

Existen algunas plantas y animales extraordinarios que pueden vivir en estas duras condiciones, gracias a sus mecanismos de supervivencia. Los camellos soportan varios días sin beber y varias semanas sin comer. Convierten la grasa de sus jorobas en alimento y ahorran agua produciendo excrementos secos.

Resumen en 3 segundos

Un desierto es un lugar donde casi nunca llueve.

Misión de 3 minutos Crea una duna

Necesitarás: • una bandeja para el horno vieja • arena

1 Haz este experimento fuera de casa. Pon un puñado de arena en la bandeja y dale forma de duna.

2 Coloca la boca al mismo nivel que el borde de la bandeja y sopla con suavidad hacia la duna.

3 ¿Ves como la arena sube por un lado de la duna y baja por el otro?

En los desiertos de arena, el viento moldea las dunas. Algunas plantas y animales se han adaptado a estas duras condiciones de vida.

Selvas tropicales

... en 30 segundos

Estas selvas crecen en los trópicos, a ambos lados del ecuador. El clima es caluroso y húmedo, y llueve casi todos los días. Más de dos tercios de las especies de plantas que hay en el mundo viven en las selvas tropicales.

Las selvas tropicales ocupan aproximadamente un 6 por ciento de la superficie de la Tierra. Hay selvas de tierras bajas, como por ejemplo el Amazonas; bosques templados húmedos, que crecen en las laderas de las montañas, y manglares, junto a la costa.

La selva tropical más grande es la del Amazonas, situada a orillas del río Amazonas, en Sudamérica. Su extensión es el doble que la de India.

En una superficie de selva del tamaño de un campo de fútbol pueden vivir cientos de especies de plantas y animales. Los animales más comunes son los insectos, pero también habitan las selvas centenares de especies de aves, primates, reptiles, arañas y ranas.

Resumen en 3 segundos

En las selvas tropicales hace calor y llueve mucho.

Plantas de las selvas tropicales

Las plantas de las selvas tropicales contienen multitud de sustancias útiles y dan infinidad de frutos:

- El látex, la savia del árbol del caucho, es la materia prima para producir caucho. Este se utiliza para fabricar neumáticos.
- Frutos, como las nueces de Brasil, los anacardos, el café, los mangos y los plátanos.
- Bambú y ratán, usados para hacer muebles.
- Los ingredientes de algunos de nuestros alimentos preferidos, como el cacao para hacer chocolate o la vainilla para hacer helado.

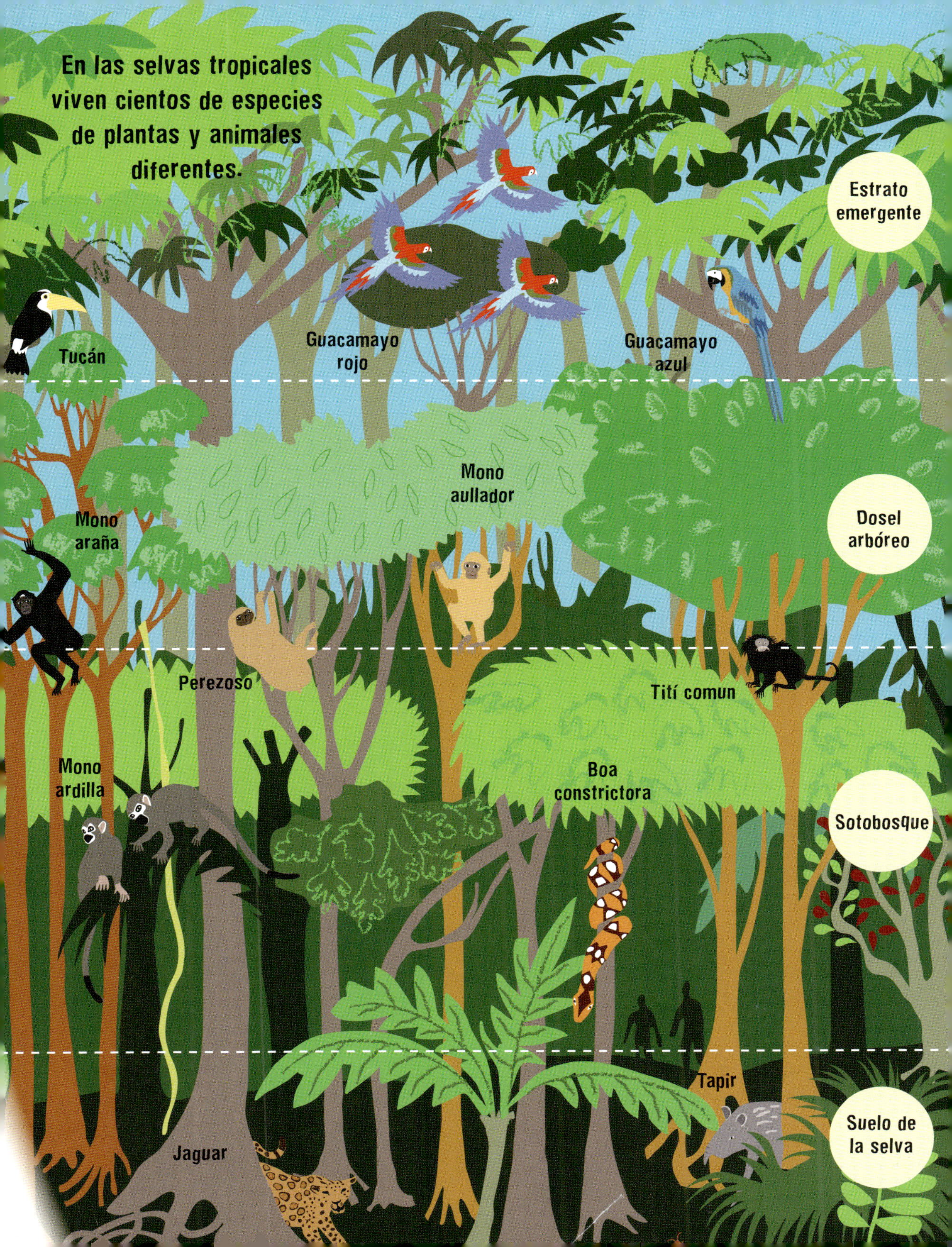
En las selvas tropicales viven cientos de especies de plantas y animales diferentes.
Estrato emergente
Tucán
Guacamayo rojo
Guacamayo azul
Dosel arbóreo
Mono aullador
Mono araña
Perezoso
Tití comun
Sotobosque
Mono ardilla
Boa constrictora
Suelo de la selva
Tapir
Jaguar

Polos

... en 30 segundos

En las regiones superior e inferior de la Tierra se encuentran los polos, en los extremos del eje de la Tierra, línea imaginaria que atraviesa el planeta de norte a sur.

Tanto en el Polo Norte como en el Polo Sur, el clima es gélido. El Polo Norte está en el centro del océano Ártico, que está congelado durante todo el año. La superficie cubierta por el hielo crece en invierno y mengua en verano. El Polo Sur está en la Antártida, un enorme continente cubierto por un grueso manto de hielo.

En los polos hace frío durante todo el año, pero en invierno el frío es extremo. En la Antártida, las temperaturas pueden alcanzar los -60 °C. En pleno invierno el Sol no llega a salir por el horizonte, pero durante todo el corto verano el Sol no se pone nunca.

Los animales que allí viven, como el oso polar, los pingüinos o las focas, se han adaptado a la vida en estas condiciones de frío extremo. Combaten el frío con gruesas capas de pelo, plumas o grasa.

Resumen en 3 segundos

En el Polo Norte y el Polo Sur siempre hace frío.

Misión de 3 minutos Iceberg flotante

Necesitarás: • un vaso • un cubito de hielo • una regla

1. Llena el vaso de agua hasta la mitad. Mete un cubito de hielo en el agua. Hará de iceberg.
2. Añade agua poco a poco hasta que el vaso esté lleno a rebosar.
3. Con la regla, mide cuántos milímetros del cubito quedan por encima de la superficie del agua y cuántos por debajo.
4. La parte del cubito que queda sumergida será aproximadamente nueve veces mayor que la parte que sobresalga de la superficie.

En el Ártico viven osos polares, renos, zorros y otros mamíferos.

En la Antártida no hay ni plantas ni árboles.

Muy pocas especies de plantas y animales pueden sobrevivir en el Polo Norte y en el Polo Sur.

En el Ártico hay plantas y árboles.

En la Antártida viven pingüinos y mamíferos marinos, pero no hay ningún mamífero terrestre, excepto los exploradores humanos.

Islas

... en 30 segundos

Una isla es una porción de tierra rodeada de agua por todas partes. Las hay de muchos tamaños, desde las minúsculas islas de coral, que solo miden unos metros de ancho, hasta las enormes islas continentales, que miden cientos de kilómetros de un extremo a otro. Algunas islas son bajas; otras tienen montañas muy altas.

Las islas tienen una gran variedad de climas: las de los trópicos son cálidas y húmedas, y hacia los polos son frías y húmedas. Suelen ser lugares ventosos, ya que no hay nada que las proteja de los vientos que soplan en el mar.

Groenlandia es la isla más grande del mundo. Tres cuartas partes de la isla están cubiertas de una gruesa capa de hielo. Cerca de la costa hace más calor, y ahí es donde vive la mayoría de sus habitantes.

En muchas islas viven plantas y animales que no se encuentran en ninguna otra parte del mundo. Debido al «aislamiento» de las islas, su fauna y su flora han evolucionado de manera diferente. Las islas Galápagos están situadas al oeste de Sudamérica. En ellas viven tortugas gigantes de 1,5 m de largo. Han evolucionado de modo que tienen un cuello largo que les permite comer plantas altas.

Resumen en 3 segundos

Una isla es una porción de tierra rodeada de agua.

Misión de 3 minutos Semillas flotantes

Si las semillas llegan a una isla llevadas por el aire, es probable que crezcan y se conviertan en plantas.

Necesitarás: • un cuenco grande • semillas o frutos, como judías o guisantes secos, una manzana, nueces de Brasil o semillas de girasol

Averigua qué semillas y qué frutas flotan y cuáles se hunden. Déjalas un buen rato en remojo para comprobar si podrían llegar a tierra sin hundirse.

Las plantas y los animales llegan a las islas desde otros lugares. A veces evolucionan y se convierten en especies únicas.

El viento arrastra semillas.

Las aves y los murciélagos comen fruta, y desechan las semillas en los excrementos.

Las tortugas y otros animales llegan a las islas a nado.

Los cocos flotan.

Las lagartijas y los animales que no saben nadar bien pueden llegar a las islas encima de ramas flotantes.

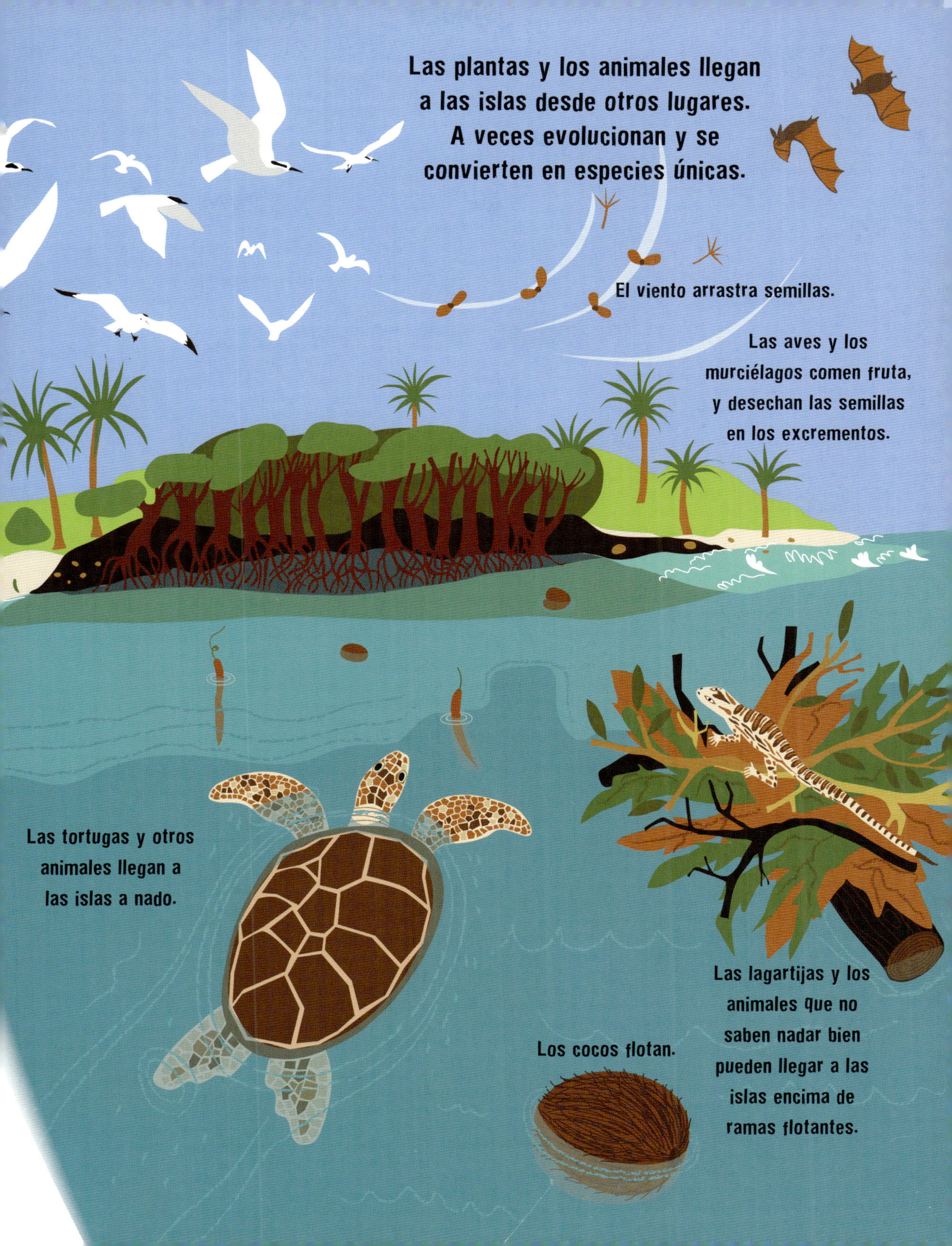

Arrecifes de coral

... en 30 segundos

Peces de colores vivos nadan a toda velocidad en las aguas transparentes, entre corales con forma de árbol, de abanico e incluso de cerebro. Bienvenido al arrecife de coral.

En los arrecifes vive una gran variedad de animales: dos tercios de todos los peces del mar, esponjas, estrellas de mar, cangrejos...

El coral es material vivo formado por miles de diminutos animales llamados pólipos. Los pólipos protegen su blando cuerpo construyendo carcasas duras y calcáreas a su alrededor. Cuando un pólipo muere, su cuerpo se descompone, pero su carcasa permanece.

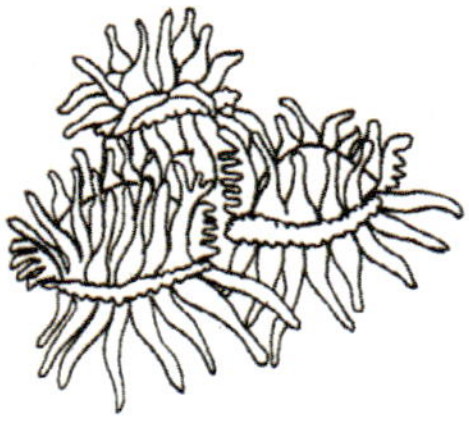

Sobre las carcasas viejas crecen nuevos pólipos. Con el paso de los años, los montones de carcasas van cobrando formas diversas recubiertas de corales vivos. A lo largo de cientos y miles de años, los diferentes grupos de coral se unen para formar largos arrecifes.

El coral crece principalmente en aguas cálidas y poco profundas. Por eso la mayoría de los arrecifes de coral se encuentran en los trópicos: cerca de la costa o alrededor de la cima de montañas submarinas.

La Gran Barrera de Coral de Australia es el arrecife de coral más grande del mundo. Ocupa una extensión de 35 millones de hectáreas, la superficie de 70 millones de campos de fútbol.

Resumen en 3 segundos

Los arrecifes de coral han sido creados por animales vivos.

Misión de 3 minutos La Gran Barrera de Coral

Necesitarás: • un ordenador (o una tableta o un teléfono inteligente) con la aplicación Google Earth

1. Abre la aplicación Google Earth.
2. Busca Australia y navega hasta la costa norte.
3. ¿Puedes ver la Gran Barrera de Coral a lo largo de la costa?

Los arrecifes de coral han sido creados por unos diminutos animales llamados pólipos. Son un hábitat único para todo tipo de animales y plantas.

La Tierra del futuro

¿Cómo será el planeta Tierra en el futuro? Desde luego, nadie lo sabe. Pero hay una cosa que sí parece segura: está cambiando a un ritmo vertiginoso. El tiempo se vuelve cada vez más agresivo y algunos ecosistemas muy valiosos están siendo destruidos en todo el mundo. Muchos de estos cambios se deben a la actividad humana, pero no todo son malas noticias. En este capítulo descubrirás muchas cosas que están sucediendo y qué podemos hacer para contribuir a salvar el planeta.

La Tierra del futuro

Glosario

arrecife de coral Estructura marina hecha de rocas creadas por pequeños animales que viven en el mar.

atmósfera Mezcla de gases que cubre la Tierra.

calentamiento global El problema del aumento de la temperatura de la atmósfera de la Tierra causado por un incremento de determinados gases, en especial dióxido de carbono, muchos de ellos fruto de la actividad humana.

clima Patrón regular del tiempo atmosférico en un lugar concreto.

contaminar Añadir suciedad o sustancias dañinas al suelo, al aire o al agua de manera que su uso deja de ser agradable o seguro.

dióxido de carbono Gas que los humanos y los animales expulsamos al respirar y que también se libera al quemar carbón.

ecosistema Todas las cosas vivas e inanimadas que se encuentran en un lugar determinado.

efecto invernadero Incremento gradual de la temperatura de la atmósfera de la Tierra provocado por la acumulación de gases naturales (como el dióxido de carbono) que atrapan el calor del Sol.

energía eólica Energía del viento transformada para que la gente la pueda utilizar.

erosión Destrucción y eliminación gradual de la superficie de algo por la acción del viento, la lluvia u otros fenómenos naturales.

especie Grupo de animales o plantas similares y capaces de reproducirse entre ellos.

extinción Desaparición de una especie vegetal o animal como consecuencia de la muerte de todos sus ejemplares.

reciclar Convertir cosas usadas en algo que se puede volver a usar.

recurso Algo que puede utilizar la gente o un país.

selva tropical Bosque denso que crece en las partes tropicales del mundo, en las que llueve mucho.

sequía Largo período de tiempo durante el cual llueve poco o no llueve.

termostato Aparato que mide y controla la temperatura de una máquina o de una habitación encendiendo o apagando el sistema de refrigeración o calefacción según convenga.

vertedero Extensión de terreno donde se entierra la basura bajo la superficie de la Tierra.

Cambio climático

... en 30 segundos

¿Sabías que el clima cambia con el tiempo? Los científicos creen que es posible que el clima actual esté cambiando más rápidamente que nunca en los últimos 10000 años.

El clima puede cambiar de forma natural. Sin embargo, la mayoría de los expertos coinciden en que los cambios actuales se están acelerando debido a la actividad humana.

Para entender cómo, tenemos que analizar la atmósfera. Algunos de los gases de la atmósfera de la Tierra atrapan el calor del Sol. Esto es lo que se conoce como efecto invernadero, y es el que mantiene caliente el planeta. El gas que atrapa la mayor parte de ese calor es el dióxido de carbono.

Todos los días, la actividad humana (la quema de carbón, petróleo y gas) desprende dióxido de carbono a la atmósfera, que atrapa el calor y calienta más la Tierra. Los científicos llaman a este fenómeno «calentamiento global». Debido al cambio climático, el tiempo se está volviendo más agresivo: con más tormentas, inundaciones y sequías.

Podemos reducir el calentamiento global usando menos combustible para generar energía y desarrollando combustibles que produzcan menos dióxido de carbono. Los árboles absorben dióxido de carbono, por lo que talar menos árboles y replantar más ayuda al planeta.

Resumen en 3 segundos

El cambio climático es una modificación de los patrones del tiempo atmosférico.

Reducir los costes de la energía

Reducir los costes de la energía en nuestros hogares es sencillo. Un buen hábito es tener siempre el termostato a una temperatura agradable, ni demasiado alta ni demasiado baja (entre 18 y 21 °C). Si una familia baja el termostato solo un grado, puede ahorrarse unos 80 euros al año. Además el hogar habrá dejado de emitir 260 kg de gases de efecto invernadero a la atmósfera.

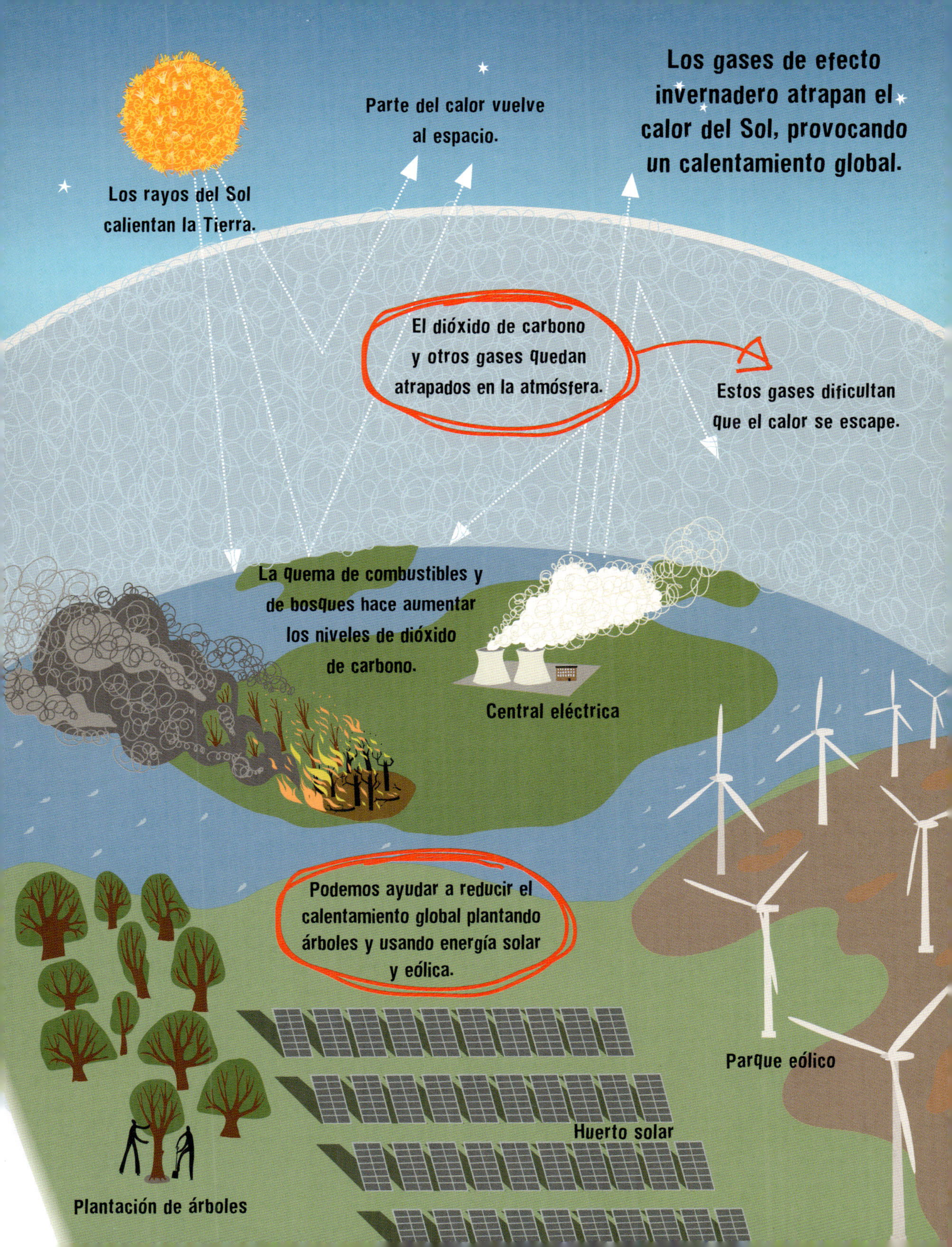
Los gases de efecto invernadero atrapan el calor del Sol, provocando un calentamiento global.
Los rayos del Sol calientan la Tierra.
Parte del calor vuelve al espacio.
El dióxido de carbono y otros gases quedan atrapados en la atmósfera.
Estos gases dificultan que el calor se escape.
La quema de combustibles y de bosques hace aumentar los niveles de dióxido de carbono.
Central eléctrica
Podemos ayudar a reducir el calentamiento global plantando árboles y usando energía solar y eólica.
Parque eólico
Huerto solar
Plantación de árboles

Reducir los desechos

... en 30 segundos

Cada año usamos unos 500000 millones de bolsas de plástico (unas 70 bolsas por persona), y muchas de ellas acaban en la basura. También tiramos grandes cantidades de botellas de plástico, latas de metal y papel.

La mayoría de los desechos se queman o se entierran. La basura se entierra en los llamados «vertederos». Gran parte tardará miles de años en descomponerse, y cada vez tenemos menos lugares para instalar vertederos.

Pero buena parte de nuestros desechos se puede reutilizar o reciclar para gastar menos recursos y generar menos basura. Muchas veces las botellas de plástico se pueden reutilizar antes de reciclarlas.

Si reciclamos las latas, ahorramos energía. Para fabricar latas de aluminio a partir de latas ya utilizadas solo se necesita una veinteava parte de la energía requerida para fabricar latas nuevas. Para hacer una bolsa de polietileno reciclado, se gasta una octava parte del agua necesaria para hacer una bolsa nueva. También podemos reducir los desechos comprando productos reciclados.

Resumen en 3 segundos

Nuestros desechos contaminan el medioambiente.

Misión de 3 minutos **Fabrica una maceta**

Necesitarás: • una botella de refresco de 2 l limpia • un puñado de gravilla • mezcla para macetas • unas cuantas semillas de plantas • unas tijeras • la ayuda de un adulto

1. Pídele a un adulto que corte los dos tercios superiores de la botella y quédate con la base.
2. Coloca una capa de 2 cm de gravilla en la base de la botella. Cúbrela con 5 cm de mezcla para macetas.
3. Introduce las semillas en la mezcla y riégala.
4. Haz 4 cortes verticales de unos 2 cm en el borde superior de la botella a modo de pestañas. Introduce la parte superior de la botella en las pestañas.
5. Coloca la maceta en el alféizar de una ventana soleada y riégala con regularidad.

Observa cómo crecen las semillas.

Muchos de los materiales que desechamos se pueden reciclar para fabricar nuevos productos.

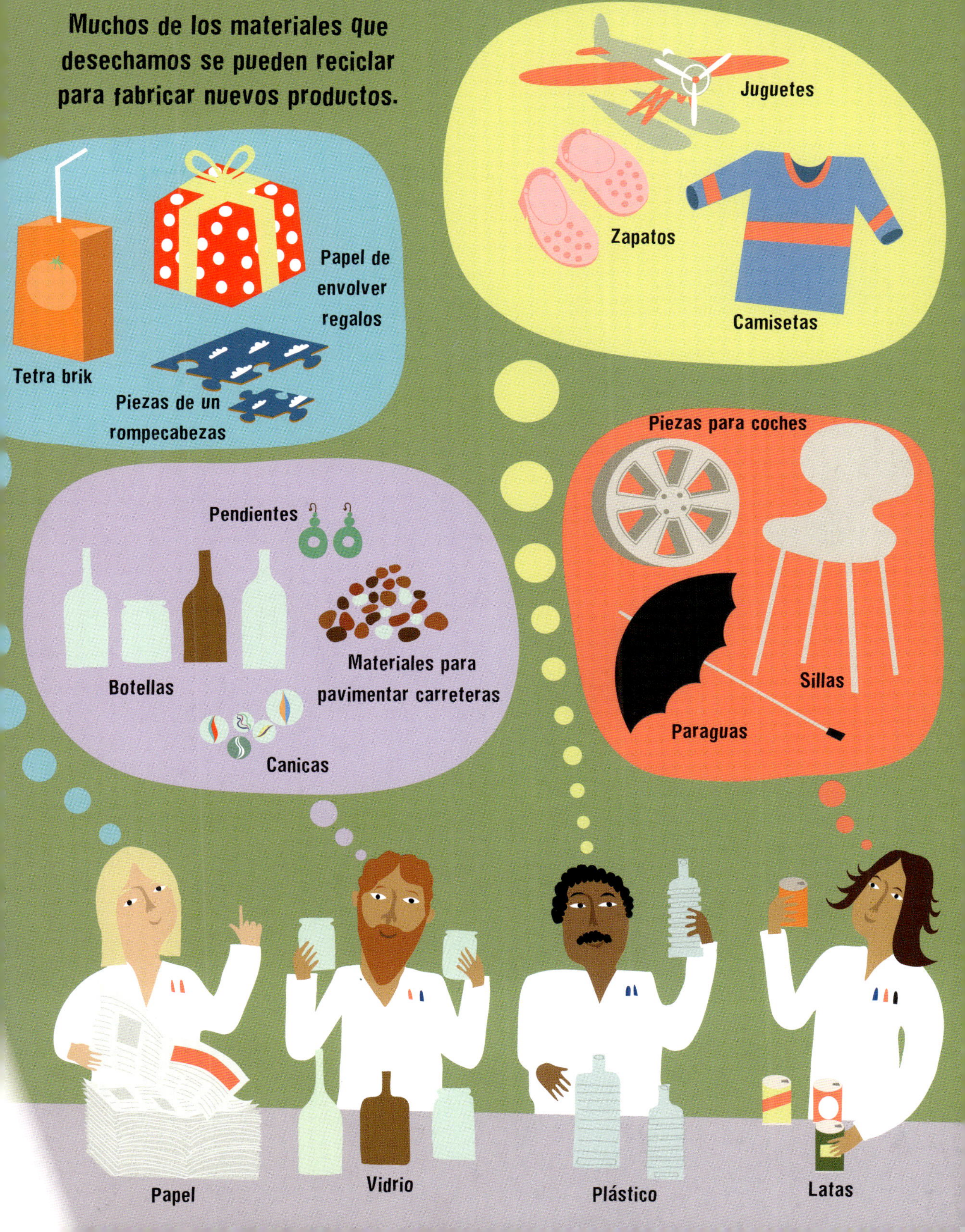

Hábitats en peligro

... en 30 segundos

En todo el mundo, los humanos estamos destruyendo los hábitats de la fauna silvestre, y ponemos en peligro tanto a plantas como a animales. Devastamos sus hábitats para ganar espacio para construir casas, fábricas y terrenos de cultivo, lo que a su vez contamina el agua de nuestros ríos y costas.

Cuando se destruye un hábitat, las plantas y los animales se tienen que adaptar a las nuevas condiciones o encontrar otro lugar donde vivir. Si no lo consiguen, se extinguen.

Los hábitats selváticos están en grave peligro. Cada segundo, el mundo pierde un área de selva del tamaño de un campo de fútbol. Talamos árboles para conseguir madera y para ganar espacio para minas y granjas. Cientos de especies de plantas y animales selváticos son expulsadas de sus hábitats, y la vida de la gente de la selva también queda destruida.

La contaminación, la minería y la recolección de corales y conchas raras amenazan los arrecifes de coral. En torno a un 25 por ciento de los arrecifes ya han sido destruidos, y otro 60 por ciento está en grave peligro.

Resumen en 3 segundos

Muchos hábitats de todo el mundo están siendo destruidos.

Misión de 3 minutos ¿Extinguidas o en peligro?

Muchas especies de plantas y animales ya se han extinguido, y muchas otras están en peligro de extinción. Averigua si los animales de la lista ya se han extinguido o están en peligro de extinción, cuál es su hábitat y qué les está sucediendo.

Especies:
Orangután
Rinoceronte de Sumatra
Oso malayo
Mono araña negro
Canguro arborícola

Al talar las selvas tropicales, destruimos hábitats únicos y erosionamos el terreno.

Salvar el planeta

... en 30 segundos

Aquí tienes unas cuantas ideas de cosas que puedes hacer para ayudar a salvar el planeta.

- **Hazte miembro de un club ecológico de la escuela o reúne a unos cuantos amigos y montad uno juntos. Decide para qué quieres hacer campaña. ¿Puedes convencer a la gente de la escuela de que reduzca su consumo de energía o de agua?**

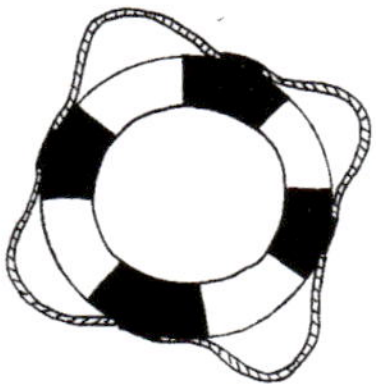

- Cuéntales a tus amigos y familiares que pueden ahorrar combustible andando, yendo en bicicleta o tomando el autobús para determinados trayectos en lugar de ir en coche.
- Recuerda apagar las luces cuando salgas de una habitación y reduce un minuto el tiempo de la ducha. Ahorrarás dinero y energía.
- Reutiliza lo máximo posible los objetos en tu casa. Puedes usar botellas de plástico, cartón y trozos de papel para hacer todo tipo de manualidades. Asegúrate de que los materiales que ya no se pueden usar vayan al cubo de reciclaje correspondiente.
- Júntate con unos cuantos amigos con el fin de recaudar dinero para un proyecto ecológico, como por ejemplo salvar un hábitat amenazado.

Resumen en 3 segundos

Puedes ayudar a salvar el planeta de muchas maneras.

Las tres R

Concéntrate en las tres R: reducir, reutilizar y reciclar.

Reducir: Intenta caminar más a menudo en lugar de moverte en coche.

Reutilizar: Lleva la ropa y los juguetes que ya no uses a una tienda de segunda mano.

Reciclar: Asegúrate de reciclar las botellas de vidrio, el papel y las latas.

Algunas pequeñas cosas que podemos hacer para mejorar la vida y salvar nuestro planeta.
SALVAR EL PLANETA
Hacer campaña
Ir en autobús
Plantar árboles
Ir a la tienda de segunda mano
Ir en bicicleta
Andar
Ducharse en menos tiempo
Recoger basura
Reciclar latas y botellas

Descubre más

LIBROS DE FICCIÓN

Muchemi, Muthoni, *Attack of the Shidas: AKAs Save Planet Earth!,* **Storymoja and Worldreader, 2012.**

Steven, Kenneth, *Stories for a Fragile Planet,* **Lion Children's Books, 2012.**

LIBROS DE NO FICCIÓN

Carson, Mary Kay, *Why Does Earth Spin? And Other Questions about Our Planet,* **Sterling, 2014.**

Claybourne, Anna, *y Gill Doherty, Enciclopedia del planeta Tierra,* **EDC, 2002.**

Daynes, Katie, *El planeta Tierra,* **Usborne, 2009.**

Dorion, Christiane, *Cómo funciona el mundo: una guía de la Tierra muy animada,* **Ediciones SM, 2010.**

Ganeri, Anita, *Horrible Geography of the World,* **Scholastic, 2010.**

Gilpin, Daniel, y Peter Bull, *Bajo la lupa: planeta Tierra,* **Sigmar, 2011.**

Michaels, Alexander G., *Planet Earth! A Kids Book About Planet Earth,* **Kindle Edition, 2013.**

Richards, Jon, y Ed Simkins, *Planet Earth. The World in Infographics,* **Wayland, 2013.**

Taylor, Barbara, *Planeta Tierra,* **Susaeta, 2010.**

Wheatley, Abigail, *Story of Planet Earth,* **Usborne, 2013.**

DVD (adecuados para todas las edades)

Dentro del planeta Tierra, Discovery, 2013.

Planeta helado (serie), David Attenborough, BC, 2011

Planeta Tierra (serie), David Attenborough, BBC, 2010

SITIOS WEB

An Ecological System
http://www.geography4kids.com/files/land_ecosystem.html
Todo sobre los ecosistemas

Information and Facts about Rivers
http://primaryhomeworkhelp.co.uk/rivers.html
Datos sobre ríos, inundaciones y contaminación

National Geographic, Climate and Weather
www.watchknowlearn.org/Video.aspx?VideoID=3929&Categor
Vídeo sobre las diferencias entre tiempo y clima

Planets for Kids
http://www.planetsforkids.org/planet-earth.html
Los planetas de nuestro Sistema Solar

What is Happening in the Ocean?
http://climatekids.nasa.gov/ocean/
Sobre los océanos y el clima

Weather and Climate
http://climatekids.nasa.gov/menu/weather-and-climate/
Páginas sobre todos los aspectos del cambio climático

Índice